VEGAsia

VEGAsia

EINE KULINARISCHE REISE VON INDIEN
NACH INDONESIEN. 100 VEGANE REZEPTE.

JACKIE KEARNEY

FOTOS VON CLARE WINFIELD

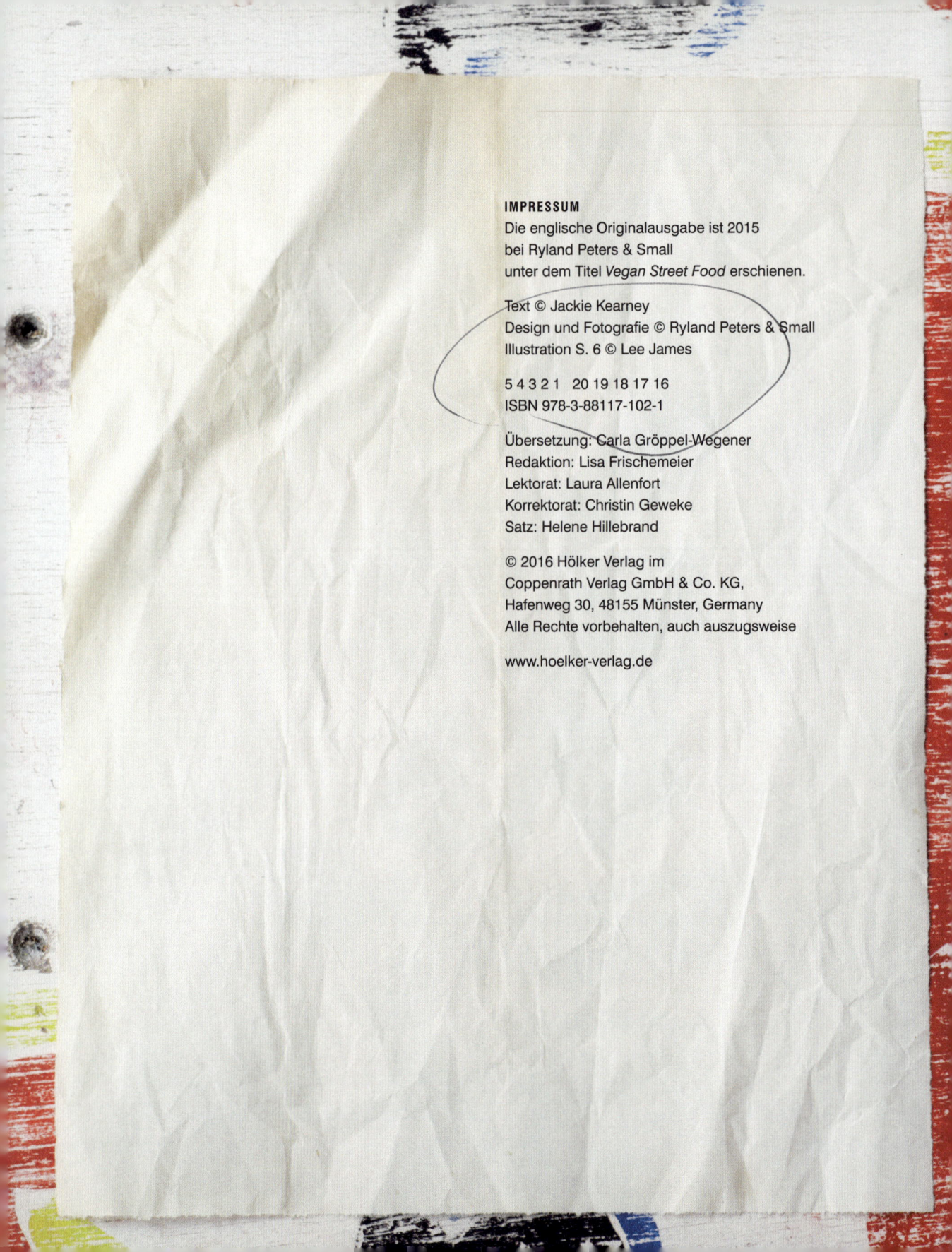

IMPRESSUM

Die englische Originalausgabe ist 2015
bei Ryland Peters & Small
unter dem Titel *Vegan Street Food* erschienen.

Text © Jackie Kearney
Design und Fotografie © Ryland Peters & Small
Illustration S. 6 © Lee James

5 4 3 2 1   20 19 18 17 16
ISBN 978-3-88117-102-1

Übersetzung: Carla Gröppel-Wegener
Redaktion: Lisa Frischemeier
Lektorat: Laura Allenfort
Korrektorat: Christin Geweke
Satz: Helene Hillebrand

www.hoelker-verlag.de

Inhalt

EINFÜHRUNG
Eine kulinarische Reise

Die selbst gemachte Landkarte von Jackies Ehemann Lee zeigt einige der Orte, die die Familie auf ihrer Reise besucht hat.

MIT SECHZEHN JAHREN wollte ich Springreiterin oder Tierärztin werden. Oder Köchin. Ich liebte es zu essen und zu kochen, vor allem für andere. Damals wurde mir jedoch von einer Karriere in der Gastronomie abgeraten. Mitte der 80er-Jahre galt der Beruf des Kochs als schlecht bezahlt, mit niedrigem gesellschaftlichen Status und unzumutbaren Arbeitszeiten. Dieses Image besteht bis heute. Meinen Wunsch, in der Gastronomie Fuß zu fassen, ließ ich dennoch nicht los. Während meiner gesamten akademischen Karriere träumte ich davon, ein kleines Café zu eröffnen. Und zwar sehr oft. Ich war fast besessen davon.

Als wir noch klein waren, waren meine Schwester und ich wie verzaubert von den Geschichten unserer Eltern über ihre Reisen zu weit entfernten Orten. Meine Mutter arbeitete als Kosmetikerin, mein Vater als Friseur. Beide heuerten auf einem Kreuzfahrtschiff an und reisten so um die ganze Welt. Oft schaute ich mir ein Schwarz-Weiß-Foto an, auf dem meine Mutter im Bikini an einem einsamen Strand auf einer Fidschi-Insel posiert. Ich fragte mich, wie es wohl wäre, so weit weg von zu Hause zu sein. Die Reisen meiner Eltern hatten großen Einfluss auf das Essen, das bei uns auf den Tisch kam. Meine Mutter kochte Currys und Gerichte, die in den frühen 70er-Jahren als äußerst exotisch galten. Mit dem schärfsten Vindalho, das ich jemals gegessen habe, brachte sie uns alle fast um die Ecke. Ich war ungefähr sechs Jahre alt und erinnere mich daran, dass mein Vater sich unbedingt die

Zähne putzen musste, da er das Gefühl hatte, sein Mund würde verbrennen. Damals wussten wir noch nicht, dass ein Glas Milch schnell Abhilfe geschaffen hätte.

Als ich meinen heutigen Ehemann Lee kennenlernte, war schnell klar, was uns beide verband: Wir wollten mehr von der Welt sehen. Wir stellten uns vor, wie es wohl wäre, unsere Jobs an den Nagel zu hängen und zu reisen, bis wir kein Geld mehr hätten. (Ich dachte sogar darüber nach, ein kleines, am Hang gelegenes Café auf Lombok zu eröffnen und nie wieder zurückzukommen.) Aber dann kamen unsere Zwillinge zur Welt, und wir begannen zu zweifeln, ob wir unseren Traum vom Reisen jemals verwirklichen könnten. So kam uns die Idee von einem freien Jahr mit der ganzen Familie. Wir arbeiteten hart und sparten einen Großteil unseres Einkommens, und bevor ich mich versah, hatten wir ein One-Way-Ticket nach Delhi gebucht und jede Menge Visa in unseren Pässen.

DIE IDEE ZU DIESEM BUCH

Unterwegs notierte ich mir unentwegt Rezepte und Ideen für ganze Menüs auf Papierservietten und verbrachte an jedem Ort, an dem wir uns aufhielten, viel Zeit damit, so viel Essen zu probieren wie möglich. Ein Jahr lang aßen wir jede Mahlzeit gemeinsam mit der ganzen Familie – auch für uns eine neue Erfahrung.

An der asiatischen Küchentradition gefällt mir einfach alles. Das Essen ist leicht zuzubereiten und spielt eine zentrale Rolle im Leben der Menschen –

ganz gleich welchen sozialen Hintergrund sie haben. Jeden Tag kommen die Familien zum gemeinsamen Essen zusammen. Ich liebe die frischen Aromen und dass sich das Essen so gut an lokale und saisonale Gegebenheiten anpassen lässt, auch weil mir eine nachhaltige Ernährung wichtig ist.

Zurück zu Hause bewarb ich mich für die Teilnahme an der BBC-Kochsendung MasterChef. Ich wollte herausfinden, ob ich gut genug kochte, um meinen Lebensunterhalt damit verdienen und mein eigenes Café mit Gerichten aus aller Welt eröffnen zu können ...

WARUM EIN VEGANES KOCHBUCH?

Wenn es um Geschmack, Konsistenz und Sättigung geht, hat die vegane Küche einen eher schlechten Ruf. Dabei gibt es großartige vegane Rezepte, die aber leider zwischen all den vielen Fleisch- und Fisch-Rezepten untergehen. Schlechte alternative Zutaten sind der häufigste Grund für langweilige oder fade vegane Gerichte. Wenn ich Coq au Vin mit pflanzlichem Eiweiß statt mit Hähnchenfleisch zubereite, dann schmeckt es aber nicht automatisch auch gut. Manche Köche, zum Beispiel Yotam Ottolenghi, mein absolutes Vorbild, gehen weit über das einfache Ersetzen hinaus. Diesen Köchen geht es vor allem darum, ein tolles Gericht zu kreieren. Ob es vegan oder vegetarisch ist, steht dabei nicht im Mittelpunkt. Genau wie in der asiatischen Küche.

In Manchester, der Heimat meiner kleinen Familie, hatte ich über die Jahre schon viele vegane Dals und Currys gegessen. Doch als wir zu Beginn unserer Reise in Indien ankamen, war ich absolut überwältigt von der Vielzahl an vegetarischen Gerichten, die uns hier zur Auswahl standen. Sie gehörten nicht nur zu einem kleinen Menüpunkt auf der Speisekarte oder waren als Alternative gedacht – sie spielten die Hauptrolle. Hier waren Fleisch oder Fisch (und sogar Milchprodukte) in einen kleinen Abschnitt auf der Speisekarte verbannt. Das Blatt hatte sich gewendet.

In der asiatischen Küche gibt es viel mehr vegane Gerichte, die geschmacklich überzeugen, als bei uns. In der westlichen Welt werden vegetarische Gerichte tendenziell von Milchprodukten dominiert. Wie häufig Käse als Ersatz für Fleisch oder Fisch eingesetzt wird, zeigt sich, wenn meine Freundin und ich im hippen Viertel von Manchester unterwegs sind und die Restaurants zählen, in denen der Grillkäse als einzige Alternative zu Fleisch oder Fisch angeboten wird. Auswärts gutes veganes Essen zu finden kann eine echte Herausforderung sein. Umso wichtiger war es mir, all die kostbaren Rezepte zusammenzutragen.

Anfangs hatte ich ein vegetarisches Kochbuch im Sinn. Doch als ich mit dem Schreiben begann, fiel mir auf, dass viele Gerichte, in die ich mich während unserer Reise verliebt hatte, ganz ohne tierische Produkte auskamen. So ist es schließlich eine Sammlung veganer Rezepte geworden, inspiriert von der asiatischen Küche und ihrer Street-Food-Kultur.

MIT DEM FOODTRUCK UNTERWEGS

Mein erstes Arbeitsjahr in der Gastronomie war wirklich das verrückteste Jahr, das ich je erlebt habe! Und das will was heißen, wenn man bedenkt, dass ich erst das Jahr davor an MasterChef teilgenommen habe. Der Einstieg in die Gastronomie war so herausfordernd, unberechenbar, aber auch lohnenswert wie kaum etwas anderes in meinem Leben (abgesehen davon Mutter zu sein). Es ist harte Arbeit, lasst euch von niemandem etwas anderes erzählen! Aber die Mühe lohnt sich. Der Weg von einer ersten Idee über die Rezeptentwicklung bis hin zum Servieren des Gerichtes macht einfach nur unglaublich viel Spaß. Diese Freude bringt selbst die besten Köche immer wieder zurück an den Herd.

Anfang 2012 kaufte ich ein sieben Meter langes Wohnmobil und baute es zu einem Foodtruck um. Mein Plan war, asiatisch inspiriertes und qualitativ hochwertiges Street Food zu verkaufen. Bei der Entwicklung der Speisekarte beschloss ich aus kaufmännischen Gründen, nicht ausschließlich vegane oder vegetarische Gerichte zuzubereiten. Allerdings wollte ich die Struktur einer klassischen Speisekarte aufbrechen und zu mindestens 60 Prozent vegane bzw. vegetarische Gerichte anbieten.

Ich lernte, den zwei Tonnen schweren Foodtruck zu fahren und reiste kreuz und quer durchs Land. Schnell stellte sich heraus, dass einige meiner Menüideen viel zu ambitioniert waren. Dafür gewann ich bei den britischen Street Food Awards den zweiten Preis für das beste Hauptgericht. Ich arbeitete so viel wie noch nie zuvor in meinem Leben (der Rekord lag bei 100 Stunden in einer Woche) und stellte mich neuen Herausforderungen: keine Wasserleitung, kein Strom, keine Möglichkeiten zur Müllentsorgung …? Kein Problem!

Ich fuhr mit Barbarella (so hatte ich meine Küche auf Rädern getauft) von Exeter nach Edinburgh. Ich verkaufte in Stadtzentren und in abgelegenen Dörfern, bei Food-Festivals, Autorennen und Sportveranstaltungen und bekam fantastische Rückmeldungen. Es war einfach toll, so viele Komplimente für mein selbst gemachtes Essen zu bekommen! Nachdem die logistischen Probleme gelöst waren, widmete ich mich voll und ganz dem Kochen, wild entschlossen, aus den besten lokalen Produkten Köstlichkeiten mit Restaurant-Qualität zu zaubern.

Außerdem veranstaltete ich gelegentlich einen Supperclub bei mir zu Hause. So konnte ich neu entwickelte Rezepte an einem anspruchsvollen Publikum testen. Einige davon sind ebenfalls in diesem Buch zu finden.

Eure Jackie

Die wichtigsten Zutaten

Der Einkauf und die Zubereitung einiger asiatischer Zutaten kann eine richtige Herausforderung sein – daher hier ein paar hilfreiche Tipps.

DAS GEWÜRZREGAL

Je nach Anbieter können sich unterschiedliche Namen für ein und dasselbe Gewürz auf der Verpackung finden, deshalb sind hier auch alternative Bezeichnungen genannt. Damit das Aroma nicht zu schnell verloren geht, solltet ihr sie luftdicht verschlossen aufbewahren.

AJOWAN (Königskümmel) schmeckt ähnlich wie Thymian, hat aber leicht bittere und beißende Aromen, ähnlich wie Kreuzkümmel.

ASAFOETIDA (Asant) hat einen leicht beißenden Geruch und wird in sehr kleinen Mengen als Geschmacksverstärker verwendet.

BOCKSHORNKLEE erinnert vom Aroma her an Ahorn. Die frischen oder getrockneten Blätter werden z. B. zu Tomatengerichten gegeben. Die Samen spielen in der indischen Küche eine wichtige Rolle.

CHILI könnte ich ein ganzes Kapitel widmen. Am liebsten mag ich Kashmiri-Chili. Es hat ein volles Aroma, eine dunkelrote Farbe und ist nicht ganz so scharf – also perfekt geeignet, um familienfreundlich zu würzen. Es ist ratsam, immer etwas Chilikonfitüre oder -soße im Kühlschrank zu haben.

CURRYBLÄTTER setzen beim Braten ein nussiges Aroma und eine leichte Zitrusnote frei. In indischen und pakistanischen Lebensmittelgeschäften sind sie häufig frisch erhältlich.

FENCHELSAMEN haben einen warmen und süßen, anisähnlichen Geschmack.

FÜNF-GEWÜRZE-PULVER ist eine chinesische Mischung, die in der Regel aus Sternanis, Gewürznelken, Szechuan-Pfeffer, Fenchelsamen und Zimt besteht.

GALGANT (Thai-Ingwer oder Kha) schmeckt ähnlich wie Ingwer, ist aber pfeffriger mit einem zarten Kiefernaroma. Frische Galgantwurzeln gibt es in gut ausgestatteten asiatischen Lebensmittelläden, ansonsten ist Galgant auch als Paste oder Pulver erhältlich.

GARAM MASALA ist eine indische Gewürzmischung, die je nach Region variiert. In der Regel enthält sie einige oder alle der folgenden Gewürze: schwarzen und weißen Pfeffer, Gewürznelken, Lorbeerblätter, Zimt, Muskatnuss oder Muskatblüte, schwarzen und grünen Kardamom und Kümmelsamen.

GRANATAPFELKERNE sind auch in getrockneter Form erhältlich (Anardana) und sorgen für kleine Geschmacksexplosionen.

GRANATAPFELSIRUP ist in Bioläden und in gut ausgestatteten Supermärkten erhältlich.

GRÜNES MANGOPULVER (Amchoor) verleiht indischen Gerichten eine säuerliche Note.

INDISCHE LORBEERBLÄTTER verströmen einen Hauch von Zimt. Wer sich ein Lorbeerbäumchen im Garten oder auf dem Balkon hält, kann stets frische Blätter verwenden.

INGWER ist auch frisch in Supermärkten leicht zu finden, kann aber auch durch hochwertige Paste ersetzt werden.

KAFFIRLIMETTENBLÄTTER finden sich gefroren im asiatischen Lebensmittelgeschäft und besitzen ein intensives Zitronenaroma.

KARDAMOMKAPSELN sind grün oder schwarz. Grüner Kardamom hat ein blumiges Aroma mit einer an Minze erinnernden, süßen Note. Die Kapseln werden aufgebrochen, die Samen entnommen und im Mörser zerstoßen. Sie sind geschmacklich sehr ergiebig. Schwarze Kardamomkapseln sind größer und haben einen pfeffrigen, rauchigen Geschmack.

KORIANDER ist in ganzen Samen oder gemahlen erhältlich. Er hat ein warmes Aroma mit einer leicht fruchtigen Zitrusnote. Koriandersamen sollten erst geröstet und dann frisch gemahlen werden.

KREUZKÜMMEL (Cumin) ist in ganzen Samen oder gemahlen erhältlich. Sein Aroma ist nussig mit einer dezent grasigen Note. Schwarzer Kreuzkümmel schmeckt leicht rauchig.

KURKUMA (Gelbwurz) findet frisch vor allem in südostasiatischen Gerichten Verwendung. Gemahlene Kurkuma ist eine gute Alternative und eignet sich für indische Rezepte in der Regel besser.

PAPRIKAPULVER wird aus milden Schoten hergestellt, die getrocknet und gemahlen werden. Es ist in verschiedenen Schärfegraden erhältlich. Für die Rezepte in diesem Buch wird stets süßes Paprikapulver verwendet.

SENFSAMEN werden in der indischen Küche häufig in Öl angeschwitzt, sie verleihen ihm ein nussiges Aroma.

STERNANIS wird in der südostasiatischen Küche häufig verwendet. Damit die ausgelösten Samen ihr volles Aroma entfalten, sollte man sie im Mörser zerstoßen.

SZECHUAN-PFEFFERKÖRNER verleihen Gerichten eine pfeffrige Schärfe, die sich im Mund leicht betäubend anfühlen kann. Eines meiner liebsten Gewürze.

TAMARINDE hat einen süß-säuerlichen, pikanten Geschmack. Tamarinden werden getrocknet als gepresster Block angeboten und können in kochendem Wasser eingeweicht und anschließend zu einem Mus verarbeitet werden. Auch wenn der Vermerk „kernlos" auf der Packung zu finden ist, sollte es passiert werden. Tamarindenkonzentrat, das eine dunklere Farbe und einen intensiveren Geschmack hat, ist in Gläsern erhältlich. Für südostasiatische Rezepte bevorzuge ich das Mus, das Konzentrat findet vor allem in indischen Gerichten Verwendung.

ZIMT ist gemahlen oder in Form von Stangen erhältlich. Für indische Gerichte empfehle ich Cassia-Zimt.

ZUCKER gibt es in vielen Formen und Farben. Ich vermeide Palmzucker, da für den Anbau von Palmplantagen Regenwälder in Südostasien zerstört werden. Alternativen sind z. B. Jaggery oder indischer Rohrzucker. Beide haben einen starken karamellartigen Geschmack. Alternativ kann unraffinierter feiner brauner Zucker verwendet werden.

DAS GEHEIMNIS GUTEN TOFUS

Mir haben schon so viele Menschen gesagt, dass ihnen Tofu nicht schmeckt, und häufig war vor allem die Textur das Problem. Dabei ist es gar nicht schwer, Tofu so zuzubereiten, dass er eine prima Konsistenz bekommt.

TOFU FRITTIEREN: Mittelfesten oder festen Tofu in Würfel schneiden und goldbraun frittieren – dann wird er außen knusprig und bleibt innen schön locker. Das Öl muss sehr heiß sein, damit der Tofu nicht zu viel Fett aufnimmt. Anschließend auf Küchenpapier abtropfen lassen. Wendet man den gewürfelten Tofu vor dem Frittieren in Maisstärke, wird er besonders knusprig. Im Kühlschrank ist er bis zu 1 Woche haltbar, kann aber auch eingefroren werden.

TOFU MARINIEREN UND BACKEN: Während frittierter Tofu in Suppen und Currys eine tendenziell zähe Konsistenz bekommt, behält gebackener Tofu etwas von seinem knusprigen Biss. Dafür wird der Tofu auf einem gefetteten Backblech im Ofen unter gelegentlichem Wenden gebacken und so gleichmäßig gegart. Im Kühlschrank aufbewahrt, ist er mind. 1 Woche haltbar, kann aber ebenfalls eingefroren werden.

DER PERFEKTE REIS

Ein Reiskocher gehört für mich mittlerweile zur Grundausstattung, obwohl die Geräte hier nicht sonderlich populär sind. Tatsächlich wird der Reis darin stets perfekt dampfgegart. Es geht schnell, und die Geräte sind einfach zu säubern. Außerdem sind sie jahrelang funktionstüchtig – auch die günstigeren Modelle.

In den meisten Rezepten wird das perfekte Verhältnis von Reis zu Wasser beim Garen als 1:2 angegeben. Ich finde, etwas weniger Wasser und eine etwas längere Garzeit bringen verlässlichere Ergebnisse. Den Reis in gesalzenem Wasser kochen, bis er zu ca. 80 Prozent gar ist. Dann die Herdplatte ausstellen, den Topf aber darauf stehen lassen. Den Reis umrühren, 1–2 TL heißes Wasser untermischen, den Topf mit einem sauberen Küchentuch abdecken und mit dem Deckel verschließen. Den Reis 10–15 Min. stehen lassen, anschließend mit einer Gabel auflockern. Ist der Reis noch nicht gleichmäßig gegart, einfach 1 EL heißes Wasser unterrühren, den Topf erneut abdecken und den Reis noch ca. 5 Min. ziehen lassen.

VEGANE FISCHSOSSE

50 g Algen (z. B. Purpurtang, Dulse oder Arame), in feinen Streifen
500 ml helle oder Tamari-Sojasoße
8 schwarze Pfefferkörner
2 Knoblauchzehen, geschält
1 getrocknete Chinesische Morchel oder getrockneter Shiitakepilz

Die Algen mit 500 ml Wasser in einem Topf aufkochen und bei geringer Hitze 30–40 Min. köcheln lassen, bis das Wasser um die Hälfte verdampft ist. Beiseitestellen und 1 Std. ziehen lassen. Abgießen, die Flüssigkeit auffangen. Den Topf ausspülen, Sojasoße, Pfeffer, Knoblauch und Pilz zufügen. Zum Sieden bringen, das Algenwasser zufügen und bei geringer Hitze in 30–40 Min. auf die Hälfte reduzieren. Durch ein Sieb geben und in einer sterilisierten Glasflasche gut verschlossen im Kühlschrank aufbewahren.

INDIEN &
SRI LANKA

Indien

DELHI Nirgendwo riecht es so wie in Delhi. Bei unserem ersten Aufenthalt hatten wir eine Unterkunft in Pahar Ganj gemietet, einem alten Marktviertel in der Nähe des Bahnhofs von Neu-Delhi. Die zahlreichen und günstigen Hotels und Unterkünfte hier ziehen viele Reisende und Rucksacktouristen an, so auch uns. Unsere Unterkunft war unglaublich schäbig und seelenlos. Noch dazu waren wir während einem der schlimmsten Regenfälle angekommen, den Delhi in den letzten 50 Jahren erlebt hatte, und Pahar Ganj zeigte sich eindeutig nicht von seiner Schokoladenseite. Doch auch in besseren Zeiten kann Delhi für Neuankömmlinge ein Schock sein.

Bei unserem nächsten Besuch der Stadt mieden wir dieses Viertel und besuchten *Chandni Chowk,* den ältesten und belebtesten Markt von ganz Delhi. Wie auf den meisten Marktplätzen in indischen Städten war es auch hier laut und eng, und es stank. Gleichzeitig waren das lebendige Treiben und die bunten, leuchtenden Farben wunderbar aufregend. Erbaut wurde der Markt im 17. Jahrhundert von Shah Jahan, dem Großmogul, der auch den Taj Mahal für seine geliebte dritte Frau Mumtaz erbauen ließ. Unsere Kinder waren von den feilschenden Händlern fasziniert, und die Auswahl an Waren war einfach überwältigend. Wir schlenderten von Stand zu Stand, tranken Chai-Tee, aßen Samosas und naschten Jalebi, eine extrem süße Köstlichkeit. Keine Frage, dass es den Kindern besonders gut schmeckte und sie überglücklich waren, als sie die Süßigkeit nach unserer Heimkehr nach

England aufgetürmt in der Theke des indischen Lebensmittelgeschäfts um die Ecke entdeckten.

Es war das Grabmal von Humayun, das mich wieder freundlich stimmte. Widerwillig ließ ich mich von Lee überreden, den architektonischen Vorgänger vom Taj in Agra zu besichtigen und schloss zwischen den Grabmälern und paradiesischen Gärten in dieser Anlage meinen Frieden mit Delhi. Kann gut sein, dass auch die fliegenden Händler dazu beigetragen haben. Sie balancierten mit Köstlichkeiten beladene Tabletts auf ihren Köpfen, Snacks, die Teil unseres spontanen Picknicks wurden.

Frittiertes Gemüse, Pakoras und Bhajis aus Kichererbsenmehl gibt es überall in Indien, und die meisten sind vegetarisch oder vegan. Mein Lieblingssnack waren Mirchi Vada: Große grüne Chilischoten, gefüllt mit Dal oder Kartoffeln, die in einen Teig aus Kichererbsenmehl und Kurkuma getunkt und anschließend frittiert werden. Die Kinder liebten Bondas, gestampfte Kartoffeln mit Kokosnuss und grünen Chilis in einer knusprigen Hülle, die wir zuvor schon in Sri Lanka gegessen hatten.

Auch in der nordindischen Region Punjab konnten wir die leckeren Bällchen probieren. Am liebsten esse ich sie mit pikanten und süßen hausgemachten Pickles.

Von links nach rechts: Humayun-Mausoleum, Delhi; Chandni Chowk Markt, Delhi; geröstete Erdnüsse, McLeod Ganj; Gläubige im Goldenen Tempel, Amritsar; Ufer des Ganges in Varanasi, Uttar Pradesh; Palast von Mysore, Karnataka; Sonnenaufgang hinter dem Goldenen Tempel, Amritsar.

SCHARFE BONDAS
PIKANTE KARTOFFELKLÖSSE MIT FRÜHLINGSZWIEBELN, KOKOSNUSS, SESAM & CHILI

Dies ist meine Version von Kartoffel-Bondas, die ich in der Regel mit einem Trio von Chutneys und Pickles serviere. Sollen sie etwas weniger scharf sein, verwendet einfach weniger Chilischoten.

FÜR DIE KLÖSSE
1 kg Kartoffeln (vorwiegend festkochend), geschält
2 TL Garam Masala
2 TL Sesamsamen
2 EL Kokosflocken, 10 Min. in heißem Wasser eingeweicht, abgegossen, ausgedrückt
10 grüne Chilischoten, fein gehackt
8 Frühlingszwiebeln, in feinen Ringen
1 Stück (15 cm) Ingwer, geschält, fein gehackt
¼ TL gemahlenes Asafoetida (Asant)
1 Bd. Koriandergrün, Blättchen grob gehackt
1 TL Salz
2 EL Sonnenblumenöl

FÜR DEN TEIG
200 g Kichererbsenmehl
1 TL gemahlene Kurkuma
½ TL Chilipulver
¼ TL Salz
1 Prise gemahlenes Asafoetida (Asant)
½ TL Backpulver

AUSSERDEM
Pflanzenöl zum Frittieren

ERGIBT 12 – 18 STÜCK

Für die Klöße die Kartoffeln in kochendem Wasser in ca. 15 Min. garen. Abgießen, abtropfen lassen und stampfen. Das Garam Masala in einer Pfanne ohne Fett unter Rühren ca. 30 Sek. rösten. Sesam zufügen und unter gelegentlichem Rühren anrösten, beiseitestellen. Die Garam-Masala-Mischung, Kokosflocken und übrige Zutaten unter die Kartoffeln mischen.

Für den Teig alle Zutaten in einer Schüssel vermengen. 240 ml Wasser untermischen, sodass ein zähflüssiger Teig entsteht.

Zum Frittieren in einem hohen Topf reichlich Öl auf 170 °C erhitzen. (Die Temperatur stimmt, wenn an einem hineingehaltenen Holzstäbchen kleine Bläschen aufsteigen.) Bällchen (ø 4 cm) formen, in den Teig tunken, portionsweise in das heiße Öl geben und unter regelmäßigem Wenden rundherum goldbraun frittieren. Mit einem Schaumlöffel aus dem Öl heben und auf Küchenpapier abtropfen lassen. Mit Pickles und Chutneys servieren.

PANI PURI POPS
TEIGSCHALEN MIT CHAAT-FÜLLUNG, TAMARINDE UND GRANATAPFEL

Unsere ersten Pani Puri haben wir auf dem *Dashahara*-Fest gekostet, bei dem hunderte Götterfiguren von den Bergdörfern herunter ins Tal gebracht werden, begleitet von einer Statuen tragenden, Trompeten blasenden und Trommeln spielenden Gefolgschaft, bei der es sich um die komplette Bevölkerung der Region zu handeln scheint. Straßenverkäufer bieten jede Menge köstlicher Snacks an. Einer der besten waren die frittierten Teigtaschen aus Hartweizengries (Puri), gefüllt mit Chaat (in der Regel eine pikante Mischung aus Kartoffeln und Bohnensprossen) und Tamarindensaft (Pani).

FÜR DIE TEIGSCHALEN
280 g Mehl (Type 405) plus etwas zum Bestäuben
100 g Hartweizengrieß
1 Prise Natron
1 Prise Salz

FÜR DEN TAMARINDENSAFT
1 TL gemahlener Kreuzkümmel
200 ml Tamarindenmus oder 1 TL Tamarindenkonzentrat
1 TL grünes Mangopulver
½ TL Salz
1 Stück (3 cm) Ingwer, geschält, grob gehackt
1 kleine Handvoll frische Minze, Blättchen fein gehackt
1 kleine Handvoll Koriandergrün, Blättchen fein gehackt

FÜR DIE FÜLLUNG
150 g Kartoffeln, geschält, in 5 mm großen Würfeln

200 g Kichererbsen (Dose), abgegossen
½ rote Zwiebel, geschält, fein gehackt
¼ TL Chilipulver
¼ TL gemahlene Kurkuma
1 Prise Chaat Masala
Salz

AUSSERDEM
Sonnenblumen- oder anderes Pflanzenöl zum Frittieren
2–3 TL Dattel-Chutney (S. 28)
2–3 TL Dhaniya (S. 28)
2 EL Sev (frittierte Nudeln aus Kichererbsenmehl)
Sojajoghurt
Granatapfelsirup
1 Handvoll Koriandergrün
1 Handvoll Granatapfelkerne

FÜR 8–12 PORTIONEN

Für die Teigschalen Mehl, Hartweizengrieß, Natron und Salz in einer Schüssel mischen. Nach und nach 400–600 ml Wasser untermischen, bis ein fester Teig entstanden ist. Durchkneten und 30 Min. ruhen lassen. Auf der leicht bemehlten Arbeitsfläche 3 mm dünn ausrollen und ca. 24 Kreise (ø 4 cm) ausstechen.

Zum Frittieren in einem hohen Topf reichlich Öl auf 170 °C erhitzen. (Die Temperatur stimmt, wenn an einem hineingehaltenen Holzstäbchen kleine Bläschen aufsteigen.) Je 3–4 Puri in das heiße Öl geben und behutsam mit dem Pfannenwender nach unten drücken. Sobald der Teig sich aufgebläht hat und knusprig ist, die Puri mit dem Schaumlöffel herausheben. Auf Küchenpapier abtropfen und abkühlen lassen.

Für den Saft den Kreuzkümmel in einer Pfanne ohne Fett unter gelegentlichem Rühren rösten. Mit den übrigen Zutaten für den Saft und 125 ml Wasser vermengen und mit dem Stabmixer zu einer glatten Masse verarbeiten. Weitere 400 ml Wasser zugießen und erneut pürieren. Abgedeckt 1 Std. kalt stellen.

Für die Füllung die Kartoffeln in kochendem Wasser in ca. 10 Min. garen. Abgießen, abtropfen lassen, mit den übrigen Zutaten für die Füllung vermengen und salzen.

Mit einem scharfen Messer in jede Teigschale ein kleines Loch stechen. Mit der Kartoffelmischung füllen, gefolgt von jeweils ¼ TL Dattel-Chutney und Dhaniya. Den Tamarindensaft hineingießen (das geht besonders gut mit einer Spritzflasche). Mit Sev bestreuen, Sojajoghurt und Granatapfelsirup darüberträufeln und mit Koriandergrün und Granatapfelkernen garnieren. Sofort servieren.

BLUMENKOHL-GRÜNKOHL-PAKORAS
KNUSPRIG FRITTIERTES GEMÜSE

Pakoras lassen sich mit jedem beliebigen Gemüse zubereiten. Ich mag frittierten Grünkohl sehr gerne, weil er besonders knusprig wird. Fenchelsamen und getrocknete Granatapfelkerne sorgen für tolle kleine Geschmacksexplosionen. Zu Hause bereite ich immer gleich eine große Menge zu, da sich die Pakoras im Kühlschrank gut halten und im Ofen wieder aufgewärmt werden können.

1 kleiner Blumenkohl, in 2 cm großen Röschen
1 EL Sonnenblumenöl
2 Zwiebeln, geschält, in feinen Ringen
1 Bd. Grünkohl, Blätter in feinen Streifen
2–4 grüne Chilischoten, fein gehackt
2 große rote Chilischoten, fein gehackt
1 EL Chilipulver
½ TL gemahlenes Asafoetida
250 g Kichererbsenmehl

2 TL schwarze Kreuzkümmelsamen
2 EL Fenchelsamen
2 EL getrocknete Granatapfelkerne
1 Bd. Koriandergrün, Blättchen grob gehackt
¼ TL Natron
1 TL Salz

AUSSERDEM
Pflanzenöl zum Frittieren

ERGIBT CA. 24 STÜCK

Den Blumenkohl 2–3 Min. in kochendem Wasser blanchieren. Abgießen und 5 Min. ausdampfen lassen. Das Öl in einer kleinen Pfanne erhitzen und die Zwiebeln in 5 Min. glasig dünsten. Grünkohl, Chilischoten, Chilipulver und Asafoetida zufügen und unter gelegentlichem Rühren 3 Min. anbraten. Beiseitestellen.

Das Kichererbsenmehl in eine große Schüssel sieben. Kreuzkümmel- und Fenchelsamen in einer Pfanne ohne Fett unter gelegentlichem Rühren rösten und zum Mehl geben. Zwiebel-Grünkohl-Mischung ebenfalls untermischen. 120 ml Wasser unterrühren, bis eine zähe Masse entstanden ist. Übrige Zutaten zufügen und gut vermengen. Die Masse sollte eine dickflüssige Konsistenz haben, nach Bedarf zusätzliches Mehl oder Wasser untermischen.

Zum Frittieren in einem hohen Topf reichlich Öl auf 170 °C erhitzen. (Die Temperatur stimmt, wenn an einem hineingehaltenen Holzstäbchen kleine Bläschen aufsteigen.) Von der Masse mit zwei Esslöffeln Portionen abstechen, behutsam in das heiße Öl geben und goldbraun frittieren. (Dabei einmal wenden.) Mit dem Schaumlöffel herausheben und auf Küchenpapier abtropfen lassen. Heiß mit Dhaniya (S. 28) und Raita (S. 29) servieren.

MIRCHI VADA
FRITTIERTE GRÜNE CHILIS MIT PIKANTER FÜLLUNG

Diese köstlichen scharfen Happen machen sich hervorragend als Snack oder zum Aperitif. Es gibt eine Vielzahl verschiedener Chilisorten mit unterschiedlichem Schärfegrad. Vor der Verarbeitung einer Chilischote sollte man stets testen, wie scharf sie ist, indem man sie an der Spitze leicht anknabbert.

FÜR DIE FÜLLUNG
100 g geschälte
   Mungobohnen oder
   2 Kartoffeln, geschält,
   geviertelt
1 TL Kreuzkümmelsamen
1 TL grünes Mangopulver
1 Bd. Koriandergrün,
   grob gehackt
1 Stück (5 cm) Ingwer,
   geschält, fein gehackt

FÜR DEN TEIG
300 g Kichererbsenmehl
½ TL Salz
¼ TL gemahlene
   Kurkuma
1 Prise Backpulver

AUSSERDEM
12 lange, breite grüne
   Chilischoten
Sonnenblumenöl zum
   Frittieren

ERGIBT 12 STÜCK

Die Chilischoten bis zur Hälfte längs einschneiden und die Samen behutsam entfernen.

Für die Füllung die Mungobohnen in 300 ml Wasser 25–30 Min. kochen, bis eine dickflüssige Masse entstanden ist. Alternativ die Kartoffeln in kochendem Wasser in ca. 15 Min. garen, abgießen und zerstampfen.

Die Kreuzkümmelsamen in einer Pfanne ohne Fett unter gelegentlichem Rühren ca. 30 Sek. anrösten. Alle Zutaten für die Füllung vermengen, in die Chilischoten füllen und diese verschließen.

Für den Teig alle Zutaten in einer Schüssel vermischen. Nach und nach ca. 240 ml Wasser unterrühren, bis eine dickflüssige Masse entstanden ist.

Den Backofen auf 110 °C vorheizen und ein Backblech zum Warmhalten hineinstellen.

Zum Frittieren in einem hohen Topf reichlich Öl auf 170 °C erhitzen. (Die Temperatur stimmt, wenn an einem hineingehaltenen Holzstäbchen kleine Bläschen aufsteigen.) Eine gefüllte Chilischote am Stielansatz halten, in den Teig tunken und behutsam in das heiße Öl geben. Von einer Seite frittieren, bis das Zischen des Öls nachlässt, dann wenden und frittieren, bis die Schote rundherum goldbraun gebacken ist. Mit einem Schaumlöffel herausheben, auf Küchenpapier abtropfen lassen und auf dem vorbereiteten Backblech im Ofen warm halten. Die übrigen Schoten genauso zubereiten. Mit Dhaniya (S. 28) oder Raita (S. 29) servieren.

Im Uhrzeigersinn von links oben: Auberginen-Tamarinden-Chutney; Süßes Dattel-Chutney; Tomaten-Chili-Chutney; Dhaniya

DHANIYA
KORIANDER-CHUTNEY

Dieses Chutney ist die perfekte Beilage zu fast allen indischen Gerichten. Ich serviere es gerne zu Schaschlik-Spießen (S. 41).

2 Bd. Koriandergrün,
  Blättchen abgezupft
1 Bd. frische Minze
200 ml Kokosmilch
  (Dose)
4–8 kleine grüne
  Chilischoten

Saft von ½ Zitrone
½ EL Zucker
¼ Zwiebel, geschält
¼ TL Salz

ERGIBT 400 ML

Alle Zutaten in der Küchenmaschine oder mit dem Stabmixer glatt pürieren. Mit Salz abschmecken. In einem verschlossenen Behälter im Kühlschrank aufbewahrt, ist das Chutney bis zu 1 Woche haltbar.

SÜSSES DATTEL-CHUTNEY

Ich verwende dieses traditionelle Chutney in meinen Pani Puri Pops (S. 21) und serviere es zu Snacks wie Pakoras, Bhajis oder Papadams.

1 TL gemahlener
  Kreuzkümmel
1 TL Chilipulver
10 frische Medjool-
  Datteln, entsteint,
  gehackt

1 EL Tamarindenmus
3 EL feiner brauner
  Zucker

ERGIBT 250 G

Kreuzkümmel und Chilipulver in einer Pfanne ohne Fett unter gelegentlichem Rühren ca. 30 Sek. anrösten. Übrige Zutaten und 125 ml Wasser zufügen. Aufkochen und köcheln lassen, bis die Datteln sehr weich sind. Ist die Mischung zu trocken, zusätzliches Wasser zufügen. Köcheln lassen, bis die Konsistenz der von Konfitüre ähnelt. Abkühlen lassen, in ein sterilisiertes Einmachglas füllen und luftdicht verschließen. Im Kühlschrank aufbewahrt, ist das Chutney bis zu 8 Wochen haltbar.

TOMATEN-CHILI-CHUTNEY

Dieses Chutney passt gut zu scharfen Bondas (S. 18), Mirchi Vada (S. 25) oder indischen Oothapam (S. 64).

1½ EL Sonnenblumenöl
½ TL Fenchelsamen
1 TL Senfsamen
10 frische oder
  getrocknete
  Curryblätter
6–8 kleine grüne
  Chilischoten,
  in feinen Streifen
¼ TL gemahlenes
  Asafoetida
3 EL Weißwein- oder
  Reisessig

½–1 TL Salz
1–2 EL feiner brauner
  Zucker
1 TL Garam Masala
500 g Kirschtomaten
1 Bd. Koriandergrün,
  fein gehackt

ERGIBT 500 ML

Das Öl in einer Pfanne erhitzen. Fenchel- und Senfsamen zugeben und rösten. Die übrigen Zutaten, bis auf die Tomaten und den Koriander, unterrühren. Aufkochen und bei geringer Hitze 4–5 Min. köcheln lassen. Die Tomaten zufügen und köcheln lassen, bis die Tomaten gerade eben weich sind, aber noch nicht zerfallen. Vom Herd nehmen, Koriander unterheben und mit Salz und Zucker abschmecken. Abkühlen lassen. Im Kühlschrank aufbewahrt, ist das Chutney bis zu 2 Wochen haltbar.

AUBERGINEN-TAMARINDEN-CHUTNEY

Dieses Chutney ist vor allem in Nordindien beliebt. Es ist ganz einfach zuzubereiten, und da es sich in sterilisierten Einmachgläsern monatelang hält, lohnt es sich, gleich eine große Menge davon zuzubereiten. Ich streiche es auf Chapati, gebe Schaschlik-Gemüse (S. 41) und etwas Kachumber-Salat (S. 48) dazu, rolle das Chapati zusammen und schon habe ich einen köstlichen, sättigenden Wrap.

1 kg Auberginen, in 1–2 cm dicken Scheiben	1 TL Bockshornklee- samen
2 EL Salz	2 EL Tamarindenmus oder 1 TL Tamarinden- konzentrat
150 ml Sonnenblumenöl	
2 Zwiebeln, geschält, fein gehackt	1 EL schwarze Senfsamen
4 Knoblauchzehen, geschält, zerdrückt	150 g feiner brauner Zucker
4 große grüne Chili- schoten, fein gehackt	300 ml Reis- oder Apfelessig
100 g Ingwer, geschält, fein gehackt	
2 TL Kreuzkümmelsamen	ERGIBT 1 L
2 TL Koriandersamen	

Die Auberginenscheiben in ein Sieb legen und mit Salz bestreuen. Beiseitestellen und 1 Std. ziehen lassen. Mit Küchenpapier trocken tupfen und in eine große Schüssel geben. 100 ml Öl darübergießen und mit den Händen verteilen, sodass die Scheiben gleichmäßig mariniert sind. In einer Pfanne bei starker Hitze von beiden Seiten goldbraun anbraten. In der Küchenmaschine oder mit dem Stabmixer grob zerkleinern, sodass eine stückige Masse entsteht. Das restliche Öl in einer großen Pfanne erhitzen. Zwiebeln, Knoblauch, Chili und Ingwer bei mittlerer Hitze ca. 10 Min. dünsten. Kreuzkümmel-, Koriander- und Bockshornkleesamen in einer Pfanne ohne Fett unter gelegentlichem Rühren ca. 30 Sek. rösten. Die gerösteten Gewürze im Mörser fein zerstoßen. Das Tamarindenmus oder -konzentrat in 240 ml kochen-

dem Wasser einweichen bzw. auflösen. Wird Mus verwendet, die Flüssigkeit durch ein Sieb passieren. Die gemahlenen Gewürze mit der Zwiebel-Mischung, Senfsamen, Tamarindensaft, Zucker, Essig und Auberginen vermengen, bis der Zucker sich aufgelöst hat. In die Pfanne geben und bei geringer Hitze ca. 30 Min. köcheln lassen, bis die Mischung schön sämig ist.

Das Chutney in sterilisierte Einmachgläser füllen. Luftdicht verschlossen an einem kühlen, dunklen Ort gelagert, ist das Chutney bis zu 12 Monate haltbar. Einmal geöffnet, muss es im Kühlschrank aufbewahrt und innerhalb von 4 Wochen verbraucht werden. Vor dem Verwenden mind. 1 Monat ziehen lassen.

RAITA
JOGHURT-MINZ-SOSSE

Traditionell wird Raita aus geronnener Milch oder Joghurt zubereitet. Da die Minze den Eigengeschmack von Sojajoghurt überdeckt, ist dieser perfekt als vegane Alternative geeignet.

500 g Sojajoghurt (ungesüßt)	ERGIBT 500 ML
1 Bd. frische Minze, Blättchen fein gehackt	
½ TL Minzsoße (online erhältlich)	

Den Joghurt mit Minzblättchen und Minzsoße vermengen. (Alternativ kann die Minze mit einem Stabmixer mit einigen EL Joghurt püriert und erst dann mit der Minzsoße unter den übrigen Joghurt gerührt werden. Niemals den gesamten Joghurt mit dem Stabmixer verarbeiten, da seine Konsistenz dadurch dünner wird und die Raita so zu flüssig werden könnte.)

Von links nach rechts: Taglang La, der zweithöchste mit dem Auto befahrbare Pass der Welt; Blick auf Leh, Ladakh; junge Lamas in Ladakh.

Leh, Ladakh, Nordindien

Ich erinnere mich noch sehr gut an den grandiosen Flug nach Leh über das gewaltige Himalaja-Gebirge. In Anbetracht der schieren Größe und endlosen Weite der Landschaft fühlten wir uns alle auf einmal sehr klein. Die karge Mondlandschaft von Ladakh war ebenso atemberaubend. Die Region ist seit dem 8. Jahrhundert Heimat einer vorwiegend tibetischen Bevölkerung. Buddhismus und Islam koexistieren hier seit dem 15. Jahrhundert, doch es war vor allem der Buddhismus, der mich, auf 3500 Meter Höhe in seinen Bann zog.

In Ladakh bekam ich einen ersten Einblick in die authentische tibetische Küche. Nicht alles, was auf den Tisch kam, war genießbar, jedenfalls nicht für meinen Gaumen. Egal, wie oft ich vom Buttertee koste, ich werde ihn wohl nie richtig mögen. Auch das beißende Aroma der Yak-Butter ist mir zu dominant. Dafür wird Ingwertee inzwischen auch zu Hause regelmäßig aufgebrüht. Meine tibetische Lieblingsspeise sind Momos: köstliche Teigtaschen mit süßer oder herzhafter Füllung, die meistens mit einem scharfen Chili-Dip oder in aromatischer Brühe serviert werden.

TIBETISCHE SUPPE MIT MOMOS
GEMÜSEBRÜHE MIT TEIGTASCHEN

FÜR DEN TEIG

200 g Mehl (Type 00) plus
    etwas zum Bestäuben
1 Prise Salz

FÜR DIE BRÜHE

3 Möhren, geschält,
    grob gehackt
½ Fenchelknolle,
    grob gehackt
1 Zwiebel, geschält,
    grob gehackt
3 Knoblauchzehen,
    geschält, grob gehackt
2 Stangen Stauden-
    sellerie, grob gehackt
1 Brokkolistrunk,
    grob gehackt
2 Tomaten, grob gehackt
8 Pilze, grob gehackt
2–3 Salbeiblätter
1 Bd. Petersilie, Stängel
    fein gehackt
10 schwarze Pfefferkörner
2 EL Sojasoße
1 Bd. Koriandergrün,
    gehackt

FÜR DIE FÜLLUNG

2 Kartoffeln (vorwiegend
    festkochend), geschält
1½ TL Sesamöl
1 Stück (5 cm) Ingwer,
    geschält, fein gehackt
300 g Grünkohl oder
    Schwarzkohl
1 Schalotte oder
    Frühlingszwiebel, ggf.
    geschält, fein gehackt
1–2 TL helle Sojasoße
1–2 EL Shaoxing-
    Reiswein oder
    trockener Sherry
½ TL Salz
¼ TL frisch gemahlener
    weißer Pfeffer

AUSSERDEM

1 EL Erdnussöl
1 Handvoll
    Koriandergrün,
    Blättchen abgezupft

**FÜR 4 PORTIONEN
ALS HAUPTSPEISE
ODER 6 PORTIONEN
ALS VORSPEISE**

abkühlen lassen, dann durch ein feines Sieb gießen. (Die Brühe kann sofort als Suppengrundlage verwendet oder für später eingefroren werden.)

Den Teig in 16–18 Portionen in der Größe von Limetten aufteilen, auf der bemehlten Arbeitsfläche jeweils ca. 3 mm dick ausrollen und Kreise (ø 7,5 cm) ausstechen.

Für die Füllung die Kartoffeln in kochendem Wasser in ca. 15 Min. garen. Abgießen und zerstampfen. Das Sesamöl in einer tiefen Pfanne erhitzen und den Ingwer einige Min. andünsten. Den Grünkohl zufügen und kurz mitdünsten. Die übrigen Zutaten untermischen, beiseitestellen und abkühlen lassen.

Zum Servieren die Brühe in einem großen Topf erhitzen. Den Rand eines Teigkreises dünn mit Wasser einstreichen und 1 TL Füllung in die Mitte geben. Teig über der Füllung zusammenfalten, sodass ein Halbmond entsteht, und die Ränder zwischen Daumen und Zeigefinger zusammendrücken. (Alternativ können die Teigtaschen auch wie kleine Beutel geformt werden: dazu die Seiten über der Füllung zusammenraffen und an der Spitze zusammendrehen, um die Taschen zu schließen.) Die übrigen Teigtaschen genauso zubereiten. Die Momos noch am selben Tag garen oder einfrieren und später gefroren in die Brühe geben.

Eine große Pfanne stark erhitzen und das Erdnussöl hineingeben. Die Teigtaschen von einer Seite goldbraun anbraten. 145 ml kaltes Wasser zugießen, die Pfanne sofort mit dem Deckel verschließen und die Teigtaschen 7–10 Min. dämpfen, bis der Teig leicht durchscheinend ist.

Die heiße Brühe auf Schüsseln verteilen und pro Portion 3–4 Teigtaschen hineingeben. Mit Koriandergrün bestreuen und mit tibetischem Sepan (S. 33) servieren.

Für den Teig Mehl und Salz in einer Schüssel vermischen und nach und nach ca. 120 ml Wasser unterrühren, bis ein fester Teig entstanden ist. In 5–10 Min. glatt kneten, dann 30 Min. ruhen lassen.

Möhren, Fenchel, Zwiebel, Knoblauch, Sellerie, Brokkoli, Tomaten und Pilze in einen großen Topf geben und mit Wasser bedecken. Salbei, Petersilie, Pfeffer und Sojasoße zufügen, aufkochen und bei geringer Hitze 40 Min. köcheln lassen. Die Brühe

TIBETISCHES SEPAN
CHILI-CHUTNEY

Dies ist ein traditionelles Rezept für ein frisches Chutney, das im Kühlschrank nur ca. 1 Woche haltbar ist. Es kann zum Abschmecken in heiße Brühe gerührt oder einfach als Dip zu Momos (S. 32) oder Pakoras (S. 22) gereicht werden.

2 EL Pflanzenöl
3–4 Knoblauchzehen, geschält, grob gehackt
1 rote Zwiebel, geschält, in feinen Ringen
2 Stangen Staudensellerie, in feinen Scheiben
2 große rote Chilischoten, in feinen Ringen

2 Tomaten, geviertelt
3–4 Frühlingszwiebeln, in feinen Ringen
1 Bd. Koriandergrün, grob gehackt
Salz

ERGIBT 450 ML

Das Öl in einer großen Pfanne erhitzen. Knoblauch und Zwiebel in 5–10 Min. glasig dünsten. Sellerie, Chilis und Tomaten zufügen und weitere 5 Min. dünsten, bis die Tomaten weich sind. Frühlingszwiebeln und Koriander zufügen und weitere 1–2 Min. dünsten.

Die Mischung in der Küchenmaschine oder mit dem Stabmixer behutsam pürieren. Sie sollte noch stückig und nicht zu glatt sein. Mit Salz abschmecken und abkühlen lassen.

EINFACHES SAMBAL
PIKANTE CHILI-KNOBLAUCH-SOSSE

Sambals werden in ganz Asien gegessen, und dies ist mein Lieblingsrezept für eine einfache Version. Es kann zu allen möglichen Snacks und Gerichten serviert werden. Durch das Rösten bekommen Chili und Knoblauch einen intensiven, rauchigen Geschmack. Wer möchte, kann etwas mehr Ahornsirup oder Zucker zufügen, um die Schärfe abzumildern.

500 g große rote Chilischoten
1 Knoblauchknolle, in einzelne Zehen geteilt, ungeschält
2 EL helle oder Tamari-Sojasoße
1 EL Shaoxing-Reiswein oder trockener Sherry
2 EL Ahornsirup
2 EL feiner brauner Zucker

1 TL Salz
125 ml Sonnenblumen- oder anderes Pflanzenöl

AUSSERDEM
Pflanzenöl zum Einfetten

ERGIBT 400 ML

Den Backofen auf 220 °C vorheizen. Die Chilischoten und Knoblauchzehen jeweils auf einem gefetteten Backblech verteilen. Die Chilis 10–15 Min. backen, bis die Spitzen schwarz werden. Den Knoblauch 8–10 Min. backen, bis die Zehen goldbraun und cremig sind. Knoblauchzehen erst jetzt schälen und mit den übrigen Zutaten in der Küchenmaschine oder mit dem Stabmixer glatt pürieren. Nach Belieben mit Ahornsirup, braunem Zucker und Salz abschmecken. In einem luftdicht verschlossenen Behälter im Kühlschrank aufbewahrt, ist das Sambal bis zu 4 Wochen haltbar.

MOMOS MIT WILDPILZEN & KAPUZINERKRESSE
HERBSTLICHE TEIGTASCHEN

Dieses Rezept zeigt, wie unterschiedlich Momos gefüllt werden können. Ich habe es für eine Pop-up-Dinner-Veranstaltung kreiert, die im Herbst stattfand, und wollte saisonale Zutaten verwenden. Zu dieser Zeit wuchs Kapuzinerkresse mit tellergroßen Blättern überall in meinem Garten. Durch ihren pfeffrigen Geschmack sind die eisenhaltigen Blätter ein guter Ersatz für dunkle Kohlsorten, die häufig als Füllung verwendet werden. Zu den Momos serviere ich einfaches Sambal (S. 33).

FÜR DEN TEIG
250 g Mehl (Type 00) plus
    etwas zum Bestäuben
1 Prise Salz

FÜR DIE FÜLLUNG
1½ TL Sesamöl
1 Zwiebel, geschält,
    fein gehackt
1 Stück (5 cm) Ingwer,
    geschält, fein gehackt
2 Knoblauchzehen,
    geschält, fein gehackt
200 g Wildpilze oder
    braune Champignons
    und/oder Austernpilze,
    gehackt
150 g fester Tofu,
    zerbröckelt
1 kleine Handvoll
    Koriandergrün,
    fein gehackt

200 g Kapuzinerkresse,
    Blätter in feinen
    Streifen
1–2 EL helle Sojasoße
½ TL Salz
2 Prisen frisch
    gemahlener weißer
    Pfeffer

AUSSERDEM
1 EL Erdnuss- oder
    Pflanzenöl zum Braten

ERGIBT 15 – 20 STÜCK

Für den Teig Mehl und Salz in eine Schüssel geben und nach und nach ca. 120 ml Wasser unterrühren, bis ein fester Teig entstanden ist. 5–10 Min. kneten, dann 30 Min. ruhen lassen.

Für die Füllung das Sesamöl in einer großen Pfanne erhitzen. Zwiebel, Ingwer und Knoblauch bei mittlerer Hitze 5 Min. dünsten. Pilze zufügen und weitere 5 Min. dünsten. Übrige Zutaten unterheben. Die Kapuzinerkresse fällt sofort zusammen und muss nicht weiter erhitzt werden. Beiseitestellen und abkühlen lassen.

Den Teig auf der bemehlten Arbeitsfläche 3 mm dick ausrollen und Kreise (ø 7,5 cm) ausstechen. Den Rand eines Teigkreises dünn mit Wasser einstreichen und 1 TL Füllung in die Mitte geben. Teig über der Füllung zusammenfalten, sodass ein Halbmond entsteht, und die Ränder zwischen Daumen und Zeigefinger zusammendrücken. Die übrigen Teigtaschen genauso zubereiten. Eine große Pfanne stark erhitzen. Das Erdnussöl hineingeben und die Teigtaschen im heißen Öl von einer Seite goldbraun anbraten. 145 ml kaltes Wasser zugießen, die Pfanne sofort mit dem Deckel verschließen und die Teigtaschen 7–10 Min. dämpfen, bis der Teig leicht durchscheinend ist.

PEMAS PIZZA-BERGE
CHAPATI-PIZZA MIT GEMÜSE

Die Wanderung von Leh nach Lamayuru dauerte fast fünf Tage. Pema, unser tibetischer Wanderführer, wohnte in einem Flüchtlingscamp nördlich von Leh. Er liebte Essen, und wir führten lange Unterhaltungen über traditionelle Gerichte und seine westlichen Lieblingsspeisen. Für uns bereitete er Chapati-Pizzen im Holzofen zu. Die Kinder nannten sie „Pemas Pizza-Berge", da sie mit Unmengen von Gemüse belegt waren.

FÜR DEN TEIG
220 g Chapati-Mehl
½ TL Salz
½ TL Ajowansamen

FÜR DIE SOSSE
1 EL Sonnenblumen- oder anderes Pflanzenöl
1 Zwiebel, geschält, in feinen Ringen
2 Knoblauchzehen, geschält, zerdrückt
1 TL Paprikapulver
Salz
frisch gemahlener weißer Pfeffer
8 Tomaten, gehackt

FÜR DEN BELAG
1 EL Sonnenblumen- oder anderes Pflanzenöl
20 braune oder weiße Champignons, in Scheiben

1 rote Paprika, in feinen Streifen
1 grüne Paprika, in feinen Streifen
1 Zucchini, in feinen Scheiben
1 große Chilischote nach Belieben, in feinen Ringen
2–3 große Handvoll Babyspinat

AUSSERDEM
Pflanzenöl zum Einfetten und Beträufeln
2 EL veganer Parmesan nach Belieben, gerieben
Chilipulver
1 kleine Handvoll Koriandergrün, Blättchen abgezupft

ERGIBT 4 STÜCK

Für den Teig Mehl und Salz in eine Schüssel sieben und die Ajowansamen untermischen. Nach und nach ca. 150 ml Wasser unterrühren, bis ein weicher, elastischer Teig entstanden ist. Den Teig 10 Min. kneten und mit einem feuchten Küchentuch abgedeckt 30 Min. ruhen lassen.

Für die Soße das Öl in einem kleinen Topf erhitzen und die Zwiebel 5 Min. dünsten. Knoblauch und Paprikapulver zufügen und mit Salz und Pfeffer würzen. Weitere 2 Min. dünsten, dann die gehackten Tomaten zufügen. Bei geringer Hitze 10–15 Min. köcheln lassen, bis das Gemüse gar und die Soße schön sämig ist.

Den Backofen auf 220 °C vorheizen. Pizzastein oder Backblech zum Aufheizen in den Ofen stellen.

Für den Belag das Öl in einer großen Pfanne erhitzen und alle Zutaten bis auf den Spinat in 3–4 Min. goldbraun braten. Den Teig vierteln. Vier Kugeln formen, mit etwas Öl einstreichen und jeweils 3 mm dick ausrollen. Den Pizzastein oder das Backblech dünn mit Öl fetten. Den ausgerollten Teig behutsam auf Stein oder Blech legen und mit Öl einstreichen. 6–8 Min. im Ofen backen, dann ca. 3 mm dick mit der Soße bestreichen, 1 Portion gebratenes Gemüse und Spinat darauf verteilen, sodass die Gemüseschicht doppelt so dick ist wie der Boden. Etwas Soße zwischen dem Gemüse verteilen, Öl darüberträufeln und mit Salz und Pfeffer würzen. Weitere 8 Min. backen, bis das Gemüse gar und der Boden am Rand leicht gebräunt ist. Die übrigen Pizzen genauso zubereiten. Nach Belieben mit veganem Parmesan, Chilipulver und Koriandergrün bestreuen.

Von links nach rechts: Fahrt von Ladakh nach Manali, Jammu und Kaschmir; ortstypisches Haus in Alt-Manali; Blick auf Manali, Himachal Pradesh.

Weiter nach Manali, Himachal Pradesh, Nordindien

Über die Straße, die von Leh nach Manali führt, hatte ich schon in Großbritannien gelesen. Es handelt sich um eine berühmte Reiseroute, die durch die unwirkliche Mondlandschaft von Ladakh in das bergige und grüne, fast alpenähnliche Himachal Pradesh führt. Die beste Mittagspause hatten wir in der Nähe der Schlucht von Pang an einem Zelt am Straßenrand, das zu einem Lager von Arbeitern gehörte. Die meisten von ihnen waren tibetische Flüchtlinge und arbeiteten für einen Hungerlohn. Als wir an ihnen vorbeifuhren, lachten sie und winkten den Kindern zu. Die Schluchten unterdessen umgaben uns wie eine Art Mini-Grand-Canyon aus Sand – bizarr und gleichzeitig wunderschön.

Die Autofahrt nach Manali dauerte drei ganze Tage, und durch das viele Sitzen und das Fahren auf den unebenen Straßen hatten wir anschließend alle Rückenschmerzen. Endlich angekommen mieteten wir uns in einer schönen Pension in der Stadt ein. Die Umgebung kam uns nach den friedlichen Weiten von Leh sehr touristisch vor, dafür gab es eine große Auswahl an guten Restaurants und Cafés. Einer meiner Höhepunkte war *Mama's Café.* Die Inhaberin brachte mir bei, wie man gefüllte Parathas zubereitet, und sie machte den Kindern Gemüseburger, damit sie mal wieder etwas essen konnten, das schmeckte wie zu Hause. In Manali entschied Roisin, dass ihre Leibspeise nun Dal Makhani sei, und bestellte das Gericht von nun an jedes Mal, wenn wir essen gingen.

MAMA-JIS GEFÜLLTE PARATHAS
FLADENBROT MIT BLUMENKOHL-KARTOFFEL-FÜLLUNG

Mama's Café befindet sich im neuen Stadtteil Manalis. Hier genossen wir zum Frühstück Parathas, gefüllt mit Aloo (Kartoffeln), und frischen Käsebruch. Wir verstanden uns gut mit Mama und ihrer Familie, und unsere Beziehung wurde noch enger, als Mamas Ehemann, ein pensionierter Arzt aus Delhi, sich um mich kümmerte, als ich sehr krank war. Lee und die Kinder waren ohne mich im Café und berichteten, dass ich krank zu Hause sei. Von nun an kam Lee jeden Tag mit einem kleinen Päckchen für mich aus dem Café zurück. Manchmal war es einfaches Essen wie Reis oder ein gekochtes Ei, manchmal Medikamente oder Kräuterzusätze. An unserem letzten Tag schenkte uns die Familie ein Buch über das Zeichnen von Reisen, anstelle des Fotografierens. Für uns alle war es ein sehr emotionaler Abschied. Wenn man in Indien jemanden besonders respektiert oder liebt, hängt man ein „Ji" an den Namen oder Titel der Person. Zum Abschied verriet mir Mama-Ji ihr Paratha-Rezept.

FÜR DEN TEIG
500 g feines Chapati-Mehl
    oder Hartweizenmehl
    (Type 00) plus etwas
    zum Bestäuben
1 TL Salz
1 TL Ajowansamen

FÜR DIE FÜLLUNG
3 kleine Kartoffeln
    (vorwiegend
    festkochend), geschält
2 große rote Chilischoten
1 kleine grüne Chilischote
½ TL grünes
    Mangopulver
¼ Blumenkohl, geraspelt
1 kleines Bd.
    Koriandergrün,
    fein gehackt
Salz

AUSSERDEM
Pflanzenöl zum Braten

FÜR 4 – 6 PORTIONEN

Für den Teig Mehl und Salz in eine Schüssel sieben und die Ajowansamen untermischen. Nach und nach ca. 150 ml Wasser unterrühren, bis ein weicher, elastischer Teig entstanden ist. Den Teig 10 Min. kneten. Mit einem feuchten Küchentuch abgedeckt 30 Min. ruhen lassen.

Für die Füllung die Kartoffeln in kochendem Wasser in ca. 15 Min. garen, abgießen und zerstampfen. Chilischoten, Mangopulver und Blumenkohl untermischen, den Koriander unterheben und mit Salz würzen.

Aus dem Teig Bällchen (ø 5 cm) formen und auf der bemehlten Arbeitsfläche jeweils 3 mm dick ausrollen. Etwas Füllung in die Mitte geben und verstreichen, dabei einen ca. 5 cm breiten Rand lassen. Den Rand in 6–8 Falten in die Mitte über die Füllung legen, sodass die Füllung vollständig bedeckt ist. Die Parathas behutsam ausrollen, damit darin enthaltene Luft entweichen kann und ca. 5 mm dicke Fladen (ø 12–15 cm) entstehen. In einer großen Pfanne 1 EL Öl erhitzen und die Parathas portionsweise von beiden Seiten goldbraun braten. Auf Küchenpapier abtropfen lassen. Jede Paratha in 4–6 große Stücke schneiden oder ganz servieren. Dazu Dal Masala (S. 45) oder Raita (S. 29) reichen.

SCHASCHLIK-SPIESSE
MARINIERTES GEMÜSE AM SPIESS

An diesem Rezept habe ich monatelang gearbeitet und immer wieder Kleinigkeiten verändert, bis es mir endlich gefallen hat. Die Marinade ist sehr geschmacksintensiv und kann vielseitig eingesetzt werden, zum Beispiel als Grundlage für ein Curry. Wir haben an vielen Orten in Indien Schaschlik-Spieße mit Panir und Gemüse gegessen. Mein Rezept basiert auf meiner absoluten Lieblingsversion, die im *The Green Hotel* in Mysore serviert wird. Als ehemals edles Anwesen ist der Chittaranjan Palast heute ein wunderschönes Hotel und ein gutes Vorbild für nachhaltigen Tourismus. Alle Gewinne kommen wohltätigen Zwecken und Umweltprojekten in Indien zugute, außerdem werden bevorzugt Witwen und andere von der Gesellschaft benachteiligte Frauen eingestellt. Eine wunderbare Unterkunft – die Mücken fressenden Fische im Teich eingeschlossen.

FÜR DIE MARINADE
2 große rote Chilischoten
4 grüne Vogelaugen-Chilischoten
6 Knoblauchzehen, geschält
1 Stück (5 cm) Ingwer, geschält
2 EL Pflanzenöl
2 TL gemahlener Kreuzkümmel
1 TL gemahlener Koriander
1 TL Garam Masala
2 TL Paprikapulver
½ TL Chilipulver
1 kleine Handvoll Koriandergrün, fein gehackt
2 EL Tamarinden-konzentrat

1 EL feiner brauner Zucker
2 EL Maisstärke
4 EL Weißweinessig
Salz
frisch gemahlener schwarzer Pfeffer
2–3 EL Sojajoghurt

FÜR DIE SPIESSE
1 grüne Paprika, in 2,5 cm großen Stücken
1 rote Paprika, in 2,5 cm großen Stücken
1 Zwiebel, geschält, in 2,5 cm großen Stücken
8–10 braune Champignons
1 Zucchini, in 1–2 cm dicken Scheiben

AUSSERDEM
8 Bambus-Spieße, in kaltem Wasser eingeweicht

ERGIBT 4 PORTIONEN

SCHWARZER KICHER-ERBSEN-PILAU

Den Backofen auf 220 °C vorheizen.

Für die Marinade Chilischoten, Knoblauch und Ingwer auf einem Backblech verteilen, Öl darüberträufeln und gut vermengen. 8–10 Min. backen, bis das Gemüse leicht gebräunt ist. Aus dem Ofen nehmen und abkühlen lassen.

Die Gewürze in einer Pfanne ohne Fett unter gelegentlichem Rühren 2 Min. rösten. Mit dem gebackenen Gemüse, Koriander, Tamarindenkonzentrat, Zucker, Stärke und Essig in der Küchenmaschine oder mit dem Stabmixer glatt pürieren. Mit Salz und Pfeffer abschmecken. Die Marinade ist, im Kühlschrank aufbewahrt, bis zu 1 Monat haltbar.

4 EL der Marinade in einer großen Schüssel mit dem Joghurt mischen (für eine mildere Marinade mehr Joghurt verwenden).

Das Gemüse für die Spieße zufügen und in der Marinade schwenken, sodass das Gemüse gleichmäßig mariniert ist. Die Schüssel mit Frischhaltefolie abdecken und das Gemüse mind. 20 Min. im Kühlschrank ziehen lassen.

Den Grill anheizen. Das Gemüse auf die Bambus-Spieße stecken und hervorstehendes Holz mit Alufolie abdecken, damit es beim Grillen nicht anbrennt. Die Spieße von jeder Seite 5–6 Min. grillen, bis sie rundherum goldbraun sind.

Die Spieße auf Kichererbsen-Pilau (s. rechts) servieren oder Dhaniya (S. 28) dazu reichen. Das Schaschlik-Gemüse schmeckt auch gut in einem warmen Chapati-Wrap mit Kachumber-Salat (S. 48) und Auberginen-Tamarinden-Chutney (S. 29).

1 EL Pflanzenöl
½ Zwiebel, geschält, in feinen Ringen
1 Knoblauchzehe, geschält, zerdrückt
1 Stück (5 cm) Ingwer, geschält, in feinen Scheiben
10 schwarze Pfefferkörner
4 Stangen Cassia-Zimt
7 Gewürznelken
8 grüne Kardamomkapseln, Samen ausgelöst
2 schwarze Kardamomkapseln, Samen ausgelöst
½ TL Salz
frisch gemahlener weißer Pfeffer
200 g Basmatireis, gewaschen
200 g braune Kichererbsen (Kala Chana, Dose), abgespült, abgetropft
100 g Mandelblättchen

FÜR 4 PORTIONEN

Das Öl in einem großen Topf erhitzen und die halbe Zwiebel darin bei mittlerer Hitze 15–20 Min. anschwitzen. Knoblauch, Ingwer, Pfefferkörner, Zimt, Nelken, Kardamom, Salz und Pfeffer untermischen und weitere 2–3 Min. anbraten. Reis zufügen und unter gelegentlichem Rühren weitere 2 Min. mitbraten. Kichererbsen und 250 ml Wasser zufügen und bei mittlerer Hitze 7–8 Min. köcheln lassen, bis der Reis fast gar ist. Bei Bedarf zusätzliches Wasser zufügen. Den Topf vom Herd nehmen, mit einem feuchten Küchentuch abdecken und mit dem Deckel verschließen. Ca. 10 Min. ziehen lassen.

Die Mandelblättchen in einer Pfanne ohne Fett goldbraun rösten. Abkühlen lassen.

Den Reis vor dem Servieren mit einer Gabel auflockern und die gerösteten Mandelblättchen behutsam unterheben.

DAL MASALA
GELBES DAL MIT AUBERGINEN-CURRY

In jedem indischen Bundesstaat wird eine andere Version des gelben Dals serviert. Nur eines ist überall gleich: Es wird frisch gebackenes Fladenbrot dazu gereicht. Den großen Unterschied machen die Gewürze aus, die in Öl oder Butter angeschwitzt werden. Das aromatisierte Öl wird kurz vor dem Servieren über die gegarten Hülsenfrüchte gegossen und bestimmt den Geschmack des Dals maßgeblich.

FÜR DAS DAL

100 g rote Linsen
100 g geschälte, halbierte
    Mungobohnen
    (Mung Dal)
100 g geschälte, halbierte
    Straucherbsen
    (Toor Dal)
4 Lorbeerblätter
1 TL gemahlene Kurkuma
2 Knoblauchzehen,
    geschält
2 große getrocknete rote
    Chilischoten
1 TL Salz

FÜR DAS CURRY

2 große Auberginen, in
    4 cm großen Würfeln
1 große Zwiebel,
    geschält, in 2,5 cm
    großen Stücken
1 grüne Paprika, in 2,5 cm
    großen Stücken
350 ml Pflanzenöl
4 TL Garam Masala
1 TL Chilipulver
2 TL Salz
1 große rote Chilischote,
    in feinen Streifen
1 Prise Zucker

AUSSERDEM

2 EL Pflanzenöl
10 Knoblauchzehen,
    geschält, in feinen
    Scheiben
8 frische oder
    getrocknete
    Curryblätter
½ TL schwarze
    Senfsamen
1 Spritzer Zitronensaft
Salz
1 Bd. Koriandergrün,
    grob gehackt
Zitronenspalten

FÜR 4 – 6 PORTIONEN

Für das Dal Linsen, Mungobohnen und Strauch erbsen in einen Topf mit schwerem Boden geben. Lorbeer, Kurkuma, Knoblauch, Chilis, Salz und 570 ml kaltes Wasser zufügen und zum Kochen bringen. An die Oberfläche steigenden Schaum abschöpfen. Bei geringer Hitze ca. 45 Min. köcheln lassen, bis die Mungobohnen gar und die Linsen weich sind, aber noch nicht zerfallen. Bei Bedarf zusätzliches Wasser zufügen.

Für das Curry alle Zutaten in einem Topf vermengen und bei mittlerer Hitze unter häufigem Rühren 15–20 Min. dünsten, bis die Auberginen weich sind. Überschüssiges Öl vor dem Servieren abgießen. (Es kann im Kühlschrank aufbewahrt und als aromatisiertes Öl zum Braten verwendet werden.)

Öl in einer kleinen Pfanne erhitzen, Knoblauch zufügen und in ca. 3 Min. goldbraun rösten. Curryblätter und Senfsamen zufügen und mitbraten, bis die Senfsamen aufplatzen. Das heiße Öl über das Dal gießen und untermischen. Mit Zitronensaft und Salz abschmecken. Dal zum Servieren auf Schüsseln verteilen und jeweils eine Portion Auberginen-Curry in die Mitte geben. Mit Koriandergrün garnieren und Zitronenspalten, Chapatis oder gefüllte Parathas (S. 40) dazu servieren.

ROISINS DAL MAKHANI
CREMIGES SCHWARZES DAL MIT TOMATEN

Es gibt viele komplizierte Rezepte für Dal Makhani, ich jedoch brauchte ein unkompliziertes, das ich auch zu Hause schnell zubereiten kann. Dal Makhani ist nämlich eines der Lieblingsgerichte meiner Tochter. Die ganzen Urdbohnen und die getrockneten Kidneybohnen müssen über Nacht eingeweicht werden. Alternativ können Kidneybohnen aus der Dose und halbierte Urdbohnen, die nur 1–2 Stunden eingeweicht werden müssen, verwendet werden. Traditionell wird das Gericht mit frischen Tomaten gekocht, ich nehme Tomatenmark – damit geht es schneller und das Dal wird besonders cremig.

220 g ganze schwarze Urdbohnen, über Nacht in Wasser eingeweicht, abgetropft, oder halbierte Urdbohnen, 1–2 Std. in Wasser eingeweicht, abgetropft

80 g getrocknete rote Kidneybohnen, über Nacht in Wasser eingeweicht, abgetropft, oder 400 g Kidneybohnen (Dose), abgegossen, abgespült, abgetropft

1 Stück (5 cm) Ingwer, geschält, gerieben

2 kleine grüne Chilischoten, fein gehackt

6 Knoblauchzehen, geschält, zerdrückt

Salz

frisch gemahlener weißer Pfeffer

2 EL Pflanzenöl

3 Zwiebeln, geschält, fein gehackt

3 EL Tomatenmark oder 4 große Tomaten, gehackt

2 EL gemahlener Koriander

1 TL gemahlener Kreuzkümmel

¼ TL Kashmiri-Chilipulver oder ¼ TL Paprikapulver plus 1 Prise Chilipulver

AUSSERDEM

2 EL Pflanzenöl

½ TL gemahlenes Asafoetida

1 EL Garam Masala

4 EL Mandel- oder Sojasahne

1 große Handvoll Koriandergrün, Blättchen abgezupft

ERGIBT 4 – 6 PORTIONEN

Bohnen, Ingwer, Chilis und Knoblauch in einer großen Pfanne erhitzen und bei geringer Temperatur ca. 50 Min. köcheln lassen, bis die Bohnen weich sind, aber noch nicht zerfallen. Werden Kidneybohnen aus der Dose verwendet, zunächst nur die Urdbohnen mit den anderen Zutaten 40 Min. köcheln lassen, dann die Kidneybohnen untermischen und weitere 10 Min. mitgaren. Mit Salz und Pfeffer abschmecken.

Öl in einem kleinen Topf erhitzen und die Zwiebeln bei mittlerer Temperatur in 10–15 Min. goldbraun andünsten. Tomatenmark und 500 ml Wasser (oder Tomaten und 150 ml Wasser) zufügen. Koriander, Kreuzkümmel und Chilipulver untermischen und bei geringer Hitze 10 Min. köcheln lassen. Die Tomaten-Mischung unter die Bohnen rühren, aufkochen und bei geringer Hitze 15 Min. köcheln lassen.

Öl in einer kleinen Pfanne erhitzen, Asafoetida und Garam Masala bei mittlerer Temperatur unter Rühren anschwitzen. Das aromatisierte Öl über das Dal gießen, untermischen und den Topf vom Herd nehmen. Zum Servieren mit Mandel- oder Sojasahne beträufeln und mit Koriandergrün garnieren.

KACHUMBER-SALAT
SALAT MIT FRISCHEN KRÄUTERN & ZITRONE

Kachumber ist der indische Name für einen einfachen Salat aus gehacktem Gemüse, unter das frische Kräuter und Zitronensaft gehoben werden. Dieser Salat ist die perfekte Beilage zu fast jeder indischen Speise. Im Kühlschrank aufbewahrt, ist er 1–2 Tage haltbar.

1 Gurke, längs halbiert, Kerne entfernt, gewürfelt

3 Tomaten, halbiert, Samen entfernt, in 1 cm großen Stücken

1 Handvoll frische Minze, Blättchen fein gehackt

1 Handvoll Koriandergrün, Blättchen fein gehackt

Saft von 1 Zitrone

Salz

FÜR 4 – 6 PORTIONEN

Alle Zutaten in einer Schüssel vermengen. Erst kurz vor dem Servieren salzen, da das Gemüse sonst Wasser zieht.

Von Amritsar nach Varanasi

Die Stadt Amritsar nahe der Grenze zu Pakistan begeisterte uns von Anfang an. Wir erkundeten sie als Passagiere einer Fahrrad-Rikscha. Jeden Tag warteten die gleichen Fahrer vor unserer Pension und versprachen uns ein weiteres großes Vergnügen – das meistens irgendwas mit Essen zu tun hatte. Die Region Punjab, die auch als Brotkorb Indiens bezeichnet wird, reicht vom Nordwesten Indiens bis in den Nordosten Pakistans. Nicht zuletzt wegen der großen Fülle an heimischen Obst- und Gemüsesorten hat die traditionelle Küche Punjabs einiges zu bieten.

Im Goldenen Tempel wurden wir willkommen geheißen wie lange verloren geglaubte Verwandte. Hier werden jeden Tag mehr als zehntausend Menschen verköstigt, und jeder ist willkommen, hier zu essen. Menschen in allen Lebenslagen und aus allen Teilen der Stadt kommen, um zu helfen, sitzen in Gruppen auf dem Boden neben großen Kesseln mit Dal und riesigen Tandur-Öfen und bereiten tausende Chapatis zu.

Oben links: Schulkinder in Pathankot, Punjab

INDISCHE KÖFTE
KÜRBIS-CASHEW-BÄLLCHEN IN AUBERGINEN-SOSSE

Der Name für dieses Gericht variiert, je nachdem, woraus die Köfte zubereitet werden. Besonders gut schmecken mir die Bällchen, wenn ich Doodhi verwende, indischen Flaschenkürbis, den es in verschiedenen Farben und Größen gibt. Wenn ich mit meinem Foodtruck unterwegs bin, passe ich den Namen des Gerichtes sogar an den jeweiligen Standort an. Auf Festivals zum Beispiel funktionieren coole Sprüche wunderbar („Dude, Where's My Kofta?").

FÜR DIE KÖFTE
120 g Cashewkerne
2 kleine Flaschenkürbisse, geschält, Kerne entfernt, geraspelt
375 g Kichererbsenmehl
2 große rote Chilischoten, fein gehackt
1 TL Ingwerpaste
1 TL Knoblauchpaste
1 Bd. Koriandergrün, fein gehackt
1 TL Chaat Masala
1 TL Salz

FÜR DIE SOSSE
2 Auberginen, gewürfelt
1 TL Salz
2 EL Pflanzenöl
2 Zwiebeln, geschält, in feinen Ringen
1 EL Ingwerpaste
1 EL Knoblauchpaste
½ TL gemahlene Kurkuma
1 TL gemahlener Kreuzkümmel
2 TL gemahlener Koriander
1 TL Kashmiri-Chilipulver oder Chilipulver plus ½ TL Paprikapulver

4 kleine grüne Chilischoten, fein gehackt
800 g stückige Tomaten (Dose)
1 TL Garam Masala
1 gehäufter EL getrocknete Bockshornkleeblätter (Methi) oder ½ Bd. frische Bockshornkleeblätter, grob gehackt

AUSSERDEM
Pflanzenöl zum Braten und Einfetten

FÜR 4 – 6 PORTIONEN

Für die Köfte die Cashewkerne in einer Pfanne ohne Fett unter gelegentlichem Rühren in 1–2 Min. goldbraun rösten. Kürbis in ein feinmaschiges Sieb geben und überschüssige Flüssigkeit ausdrücken. In einer großen Schüssel Kürbis, Mehl, Chilis, Cashewkerne, Ingwer- und Knoblauchpaste, Koriandergrün, Chaat Masala und Salz vermischen. Nach und nach 240–360 ml Wasser unterrühren, sodass eine dickflüssige Masse entsteht. Mit Salz abschmecken.

Eine Pfanne zur Hälfte mit Öl füllen und erhitzen. 16–18 Bällchen (ø 4 cm) formen. Behutsam je 4–5 Klöße in das heiße Öl gleiten lassen und bei mittlerer Hitze braten, bis sie innen gar und rundherum goldbraun sind. Auf Küchenpapier abtropfen lassen.

Den Backofen auf 220 °C vorheizen.

Für die Soße die Auberginen auf einem gefetteten Backblech verteilen, mit Salz würzen und 20–30 Min. backen. Das Öl in einer großen Pfanne erhitzen und die Zwiebeln in ca. 5 Min. glasig dünsten. Ingwer- und Knoblauchpaste, Kurkuma, Kreuzkümmel, Koriander, Chilipulver und Chilischoten zufügen und weitere 3 Min. braten. Tomaten und Garam Masala zufügen. Aufkochen und bei geringer Hitze 10–15 Min. köcheln lassen. Auberginen zufügen und weitere 10 Min. köcheln lassen, bis die Soße schön sämig ist. Mit dem Stabmixer glatt pürieren. Mit Salz abschmecken. Die Köfte in der heißen Soße warm ziehen lassen. Die Soße sollte nicht zu stark köcheln, sonst fallen die Köfte auseinander. Mit Basmatireis, Kachumber-Salat (S. 48) oder Raita (S. 29) servieren.

Im Uhrzeigersinn von links oben:
Dal Masala; Einfaches Sambal;
Sunils Dal; Baingan Ka Bharta

BAINGAN KA BHARTA
AUBERGINENSTAMPF

Auf unserer Reise haben wir jede Menge köstlichen Gemüsestampf gegessen. Großzügig gewürzt gehört gestampftes Gemüse zu den beliebtesten Street-Food-Snacks in Mumbai, stets serviert mit weichen Brötchen (pav oder pao – das kommt ursprünglich aus dem Portugiesischen und bedeutet kleines Brot). Die Aubergine kann in diesem Rezept nach Belieben durch Kartoffeln oder Erbsen ersetzt werden. Ich persönlich mag die Textur der Auberginen in diesem Gericht unheimlich gerne und esse es häufig mit Brot, denn der cremige Stampf schreit förmlich danach, mit Chapati oder Paratha vom Teller gewischt zu werden.

Das Gericht macht sich neben Schaschlik und Dal toll auf einer Thali-Platte (eine große Platte mit verschiedenen kleinen Gerichten). Ich bereite dieses Rezept manchmal mit frischer Kurkuma zu, schneide die Wurzel dafür in Stücke und brate sie mit der Aubergine und Knoblauch an. Frische Kurkuma ist leider nicht überall erhältlich, aber wenn ihr welche bekommen könnt, solltet ihr das unbedingt ausprobieren.

FÜR DEN STAMPF:
4 große Auberginen
8 Knoblauchzehen, geschält
4 Gewürznelken
3–5 EL Pflanzenöl
1½ TL gemahlene Kurkuma plus 1–2 Prisen
1 TL Kreuzkümmelsamen
2 Zwiebeln, geschält, fein gehackt
1 Stück (5 cm) Ingwer, geschält, fein gehackt
2–4 grüne Chilischoten, fein gehackt
½ TL Chilipulver
3 Tomaten, Samen entfernt, gehackt
½–1 TL Salz

AUSSERDEM:
Pflanzenöl zum Einfetten
1 Handvoll Koriandergrün, Blättchen abgezupft

FÜR 4–6 PORTIONEN

Den Backofen auf 220 °C vorheizen.

Für den Stampf die Auberginen mit einem spitzen Messer einstechen, kleine Taschen schneiden und jeweils 2 Knoblauchzehen und 1 Gewürznelke hineinstecken. Auf ein gefettetes Backblech legen, mit 1–2 EL Öl beträufeln und mit Kurkuma würzen. 10–15 Min. backen. Aus dem Ofen nehmen und abkühlen lassen. Die Gewürznelken entfernen. Auberginen und Knoblauch mit einer Gabel zerstampfen und beiseitestellen.

Die restlichen 2–3 EL Öl in einer Pfanne erhitzen und die Kreuzkümmelsamen 1 Min. rösten. Zwiebeln zufügen und in ca. 5 Min. glasig dünsten. Ingwer und Chili zufügen und weitere 2 Min. braten. Die zerstampften Auberginen, 1–2 Prisen Kurkuma und Chilipulver untermischen und unter gelegentlichem Rühren 20–25 Min. köcheln lassen. Tomaten untermischen, salzen und bei geringer Hitze weitere 8–10 Min. köcheln lassen. Mit Koriander garnieren und servieren.

SUNILS DAL
ROTE-BOHNEN-DAL NACH KASCHMIR-ART

FÜR DAS DAL
3 EL Pflanzenöl
2 große Zwiebeln (oder 4 kleine), geschält, in feinen Ringen
1 gehäufter EL Garam Masala
1 gehäufter TL gemahlener Kreuzkümmel
1 Stück (7,5 cm) Ingwer, geschält, fein gehackt
1 TL (Kashmiri-) Chilipulver
1 TL Paprikapulver
2 große milde rote Chilischoten, fein gehackt
1–2 kleine scharfe grüne Chilischoten nach Belieben, fein gehackt
1,6 kg Kidneybohnen (Dose), abgegossen, abgespült, abgetropft
Salz
1 Prise Zucker

AUSSERDEM
1 Handvoll Koriandergrün, grob gehackt

FÜR 6 PORTIONEN

Mein guter Freund Sunil inspirierte mich zu diesem Gericht. Er bereitete es oft als Teil eines nordindischen Festmahls oder Thalis zu. Nachdem ich es zu Hause in Manchester schon einige Male gegessen hatte, stieß ich in Amritsar auf ein ähnliches Essen. Es war eines dieser Gerichte, das man in einer Punjab-Küche stundenlang vor sich hin köcheln sieht. Dafür kann es schnell und unkompliziert vorbereitet werden. Wenn ich ein Thali-Menü zubereite, kommt dieses Dal als erstes auf den Herd.

Das Öl in einem großen Topf erhitzen und die Zwiebeln in 10 Min. glasig dünsten. Garam Masala und Kreuzkümmel unterrühren und weitere 3 Min. dünsten. Ingwer, Chilipulver, Paprikapulver und Chilis zufügen und unter gelegentlichem Rühren 5 Min. anbraten.

Bohnen und 1,7 l Wasser zugeben, aufkochen und großzügig mit Salz würzen. Zucker einrühren und bei geringer Hitze mind. 2 Std. köcheln lassen – je länger, desto besser. Das Dal sollte dann schön cremig sein. Wenn es beim Kochen zu stark eindickt, zusätzliches Wasser zufügen.

Mit Koriandergrün garnieren und Chapatis oder gedämpften Reis dazu reichen.

KATTE CHOLE PURI
AROMATISIERTE KICHERERBSEN MIT FRISCHEM FLADENBROT

Obwohl dieses Gericht relativ simpel ist, war es eine der köstlichsten kulinarischen Entdeckungen auf unserer Reise durch Indien. Während wir im Bahnhof von Amritsar auf den Zug nach Delhi warteten, konnten wir den Puri-Verkäufer bei der Zubereitung der Fladenbrote beobachten: Erst werden die kleinen Teigbällchen für die Puris flach gedrückt, dann werden sie in einen riesigen Wok gegeben, wo sie sich im heißen Öl zu kleinen ballonähnlichen Fladenbroten aufblähen.

FÜR DEN TEIG
250 g Mehl (Type 00) oder Vollkornmehl plus etwas zum Bestäuben
½ TL Salz
2 EL Pflanzenöl

FÜR DIE FÜLLUNG
400 g getrocknete Kichererbsen, über Nacht in Wasser eingeweicht, abgegossen, abgespült, abgetropft, oder 400 g Kichererbsen (Dose), abgegossen, abgespült, abgetropft
3 Teebeutel, z. B. Assam oder anderer starker schwarzer Tee
2 schwarze Kardamomkapseln, Samen ausgelöst
1 Stange (Cassia-)Zimt

1 EL Pflanzenöl
1 TL Kreuzkümmelsamen
1 TL gemahlener Koriander
1 Stück (4 cm) Ingwer, geschält, fein gehackt
1 Zwiebel, geschält, fein gehackt
2 TL Garam Masala
2 EL Tomatenmark
2 Prisen grünes Mangopulver
½ TL Salz

AUSSERDEM
Pflanzenöl zum Einfetten und Frittieren
1 rote Zwiebel, geschält, in feinen Ringen
1 grüne Chilischote, in feinen Ringen
1 Handvoll Granatapfelkerne

FÜR 4–6 PORTIONEN

Für die Füllung die Kichererbsen in einen großen Topf geben, mit Wasser aufgießen, aufkochen und bei geringer Hitze 1½ Std. köcheln lassen. Abgießen und abspülen. Die gekochten Kichererbsen oder die Kichererbsen aus der Dose mit den Teebeuteln, Kardamom und Zimt in einen großen Topf geben, mit Wasser aufgießen, aufkochen und bei geringer Hitze 1 Std. köcheln lassen. Anschließend Teebeutel und Gewürze entfernen.

Das Öl in einer tiefen Pfanne erhitzen und Kreuzkümmel und Koriander 1 Min. rösten. Ingwer und Zwiebel zufügen und 5 Min. dünsten. Garam Masala untermischen und weitere 1–2 Min. dünsten. 800 ml Wasser zugießen, Tomatenmark, Kichererbsen und Mangopulver zufügen, salzen, aufkochen und bei geringer Hitze 10 Min. köcheln lassen.

Den Teig erneut durchkneten, 12 Bällchen (ø 4 cm) formen und je 2–5 mm dick ausrollen (ø 15 cm). Zum Frittieren in einem hohen Topf reichlich Öl auf 170 °C erhitzen. (Die Temperatur stimmt, wenn an einem hineingehaltenen Holzstäbchen kleine Bläschen aufsteigen.) Die Fladen portionsweise ins heiße Öl geben und von jeder Seite in je 2 Min. goldbraun frittieren. Dabei blähen sie sich auf. Mit dem Schaumlöffel aus dem heißen Öl heben und auf Küchenpapier abtropfen lassen. Die Puri auf Schüsseln verteilen, je 2 gehäufte EL der Kichererbsen-Mischung daraufgeben und mit Zwiebel, Chili und Granatapfelkernen garnieren.

Für den Teig Mehl und Salz in einer Schüssel vermengen und nach und nach ca. 150 ml Wasser untermischen, bis ein weicher Teig entstanden ist. Den Teig auf der bemehlten Arbeitsfläche 10 Min. kneten, zu einer Kugel formen, dünn mit Öl einstreichen und in einer gefetteten Schüssel mit Frischhaltefolie abgedeckt an einem warmen Ort 2 Std. ruhen lassen.

TOFU MIT SPINAT-MASALA & KÜRBISRÖSTI

Dieses Gericht ist inspiriert vom indischen Klassiker Saag Paneer, das mit indischem Käse zubereitet wird. Statt Panir verwende ich in diesem Gericht allerdings Tofu.

FÜR DIE RÖSTI

1 kleiner Kürbis, geschält, Kerne entfernt, geraspelt
1 große Kartoffel, geschält, geraspelt
1 grüne Chilischote, fein gewürfelt
1 kleines Bd. Koriandergrün, Blättchen fein gehackt
Salz
frisch gemahlener schwarzer Pfeffer
2 EL Sonnenblumenöl

FÜR DEN TOFU

500 g fester Tofu, in Scheiben (5 x 5 x 1 cm)
1 EL Sonnenblumenöl
½ TL schwarze Senfsamen
½ TL Kreuzkümmelsamen

FÜR DAS MASALA (INDISCHES WORT FÜR „MISCHUNG")

500 g Babyspinat
½ TL Salz
3 EL Sonnenblumenöl
1 kleine Zwiebel, geschält, in feinen Spalten
½ TL schwarze Senfsamen
½ TL Kreuzkümmelsamen
1 grüne Chilischote, fein gehackt
½ EL Ingwerpaste oder 1 Stück (2,5 cm) Ingwer, geschält, gerieben
1 EL Knoblauchpaste oder 1–2 Knoblauchzehen, geschält, gepresst
2 EL Garam Masala
18 Kirschtomaten, halbiert
100 ml Kokossahne

FÜR DIE SOSSE

2 EL Zucker
2 EL Rotweinessig
100 g Tamarindenkonzentrat

AUSSERDEM

Pflanzenöl zum Einfetten

FÜR 4 PORTIONEN

Den Backofen auf 180 °C vorheizen.

Für die Rösti Kürbis und Kartoffel in einer Schüssel vermengen. Chili und Koriandergrün untermischen und mit Salz und Pfeffer würzen. Die Mischung in ein Küchentuch geben und überschüssige Flüssigkeit ausdrücken. Vier Bratlinge formen und flach drücken.

Das Öl in einer Pfanne erhitzen. Die Bratlinge bei mittlerer Hitze von beiden Seiten in je ca. 3 Min. goldbraun braten, auf ein gefettetes Backblech legen und im Ofen in ca. 15 Min. fertig garen.

Tofu in eine Auflaufform legen, etwas Öl darüberträufeln, mit Senf- und Kreuzkümmelsamen bestreuen und 20–30 Min. marinieren.

Öl in einer Pfanne erhitzen und den Tofu nacheinander von beiden Seiten goldbraun braten. Auf Küchenpapier abtropfen lassen und im Ofen warm halten.

Für das Masala den Babyspinat in einer Pfanne ca. 30 Sek. erhitzen, bis er zusammenfällt. In der Küchenmaschine oder mit dem Stabmixer grob pürieren, mit Salz würzen und 1 EL Öl unterrühren. Beiseitestellen.

2 EL Öl in einer Pfanne erhitzen und die Zwiebel bei mittlerer Hitze ca. 5 Min. dünsten. Senf- und Kreuzkümmelsamen zufügen und 2–3 Min. anbraten. Chili, Ingwer und Knoblauch untermischen und weitere 2–3 Min. braten. Garam Masala unterrühren. Spinatpüree und Tomaten untermischen und 3–4 Min. köcheln lassen.

Die Zutaten für die Soße in einem kleinen Topf mit einem Schuss Wasser vermischen und bei starker Hitze köcheln lassen, bis die Flüssigkeit fast vollständig verdampft ist.

Pro Portion 1 Rösti mit etwas Spinat-Masala und Tofu servieren, beträufelt mit etwas Soße und Kokossahne.

Von links nach rechts: Zug von Ooty nach Coimbatore, Tamil Nadu; Ziegen in Hampi, Karnataka; Bananenverkäufer auf einem alten Gewürzmarkt.

Südindien

Über Land fuhren wir von Mumbai zu den wunderschönen Stränden von Goa und nach Karnataka, wo man die heiligen Kühe bunt bemalt. (In Indien sind alle Kühe heilig, doch die in Karnataka scheinen besonders geschätzt zu werden.) Wir aßen das erste Mal seit Monaten Pasta und konnten endlich mal unsere kurzen Hosen tragen (sodass nicht mehr nur unsere Füße und unsere Arme Sonne abbekamen). Von Goa aus nahmen wir den Dampfzug über die westlichen Ghats nach Tamil Nadu und weiter nach Kerala.

Das Essen in Südindien unterscheidet sich deutlich von dem im Norden. Zwar hatten wir in einigen Regionen Nordindiens auch mal den einen oder anderen Dosa gegessen, doch als wir den Süden erreicht hatten, entwickelten wir eine wahre Besessenheit für alle möglichen Formen dieser indischen Pfannkuchen, von Masala Dosa über Ravi zu Oothapam. Gegen vier Uhr nachmittags gönnt sich hier jeder einen Dosa. Es ist weder Mittagessen noch Abendbrot, es ist einfach Dosa-Zeit. Die meisten Dosas werden traditionell mit heißem Sambal (einer Art Dal) und Kokos-Chutney serviert. Der Teig für Dosas ist meistens leicht zuzubereiten, nur in wenigen Fällen ist die Herstellung etwas kniffliger, etwa wenn der Teig vorab gären muss.

MASALA DOSA AUS MYSORE
PFANNKUCHEN MIT PIKANTEM KARTOFFEL-MASALA

Ich liebe alle Arten indischer Pfannkuchen, doch für Masala Dosa habe ich eine besondere Schwäche. In vielen indischen Restaurants kann man gute Dosas bekommen. Warum also sollte man sie zu Hause zubereiten? Schließlich ist es relativ zeitaufwändig, erst Bohnen und Reis über Nacht einzuweichen und anschließend den Teig fermentieren zu lassen. Probiert es doch einfach mal aus. Ihr werdet sehen, wie viel Freude es macht.

FÜR DEN TEIG
300 g Basmatireis, gewaschen, abgetropft
100 g geschälte, halbierte schwarze Urdbohnen
½ TL Bockshornklee- samen
1 TL Salz

FÜR DIE FÜLLUNG
4 Kartoffeln (vorwiegend festkochend), geschält
2 EL Pflanzenöl
1 TL Senfsamen
1 getrocknete rote Chilischote, fein gehackt
10 frische oder getrocknete Curryblätter
1 Zwiebel, geschält, fein gehackt

2 kleine grüne Chilischoten, fein gehackt
1 Stück (2,5 cm) Ingwer, geschält, fein gehackt, oder 1 TL Ingwerpaste
¼ TL Chilipulver
¼ TL gemahlene Kurkuma
30 g Erbsen (TK)
1 EL Cashewkerne nach Belieben, grob gehackt
½ TL Salz

AUSSERDEM
Pflanzenöl zum Ausbacken

FÜR 8 – 10 PORTIONEN

Für den Teig den Reis in eine, die Bohnen und den Bockshornklee in eine andere Schüssel füllen, jeweils 5 cm hoch mit Wasser aufgießen und mind. 6 Std. oder über Nacht einweichen.

Reis und Bohnen abgießen, die Flüssigkeit separat aufbewahren. Den Reis in der Küchenmaschine oder mit dem Stabmixer mit 6–7 EL des aufbewahrten Reiswassers glatt pürieren. Bei Bedarf mehr Wasser zufügen. Die Bohnen mit 5 EL des aufbewahrten Bohnenwassers glatt pürieren. Püree in einer großen Schüssel vermengen, mit Salz würzen und abgedeckt an einem warmen Ort über Nacht fermentieren lassen. Einmal fermentiert, ist der Teig im Kühlschrank aufbewahrt bis zu 1 Woche haltbar oder kann bis zu 6 Monate eingefroren werden.

Am nächsten Tag die Füllung zubereiten. Die Kartoffeln in kochendem Wasser in ca. 15 Min. garen. Abgießen, abtropfen lassen und stampfen. Das Öl in der Pfanne oder dem Wok erhitzen und Senfsamen, getrocknete Chili und Curryblätter anrösten. Zwiebel, frische Chilis und Ingwer zufügen und 7 Min. dünsten. Chilipulver und Kurkuma untermischen und weitere 2 Min. dünsten. Kartoffeln, Erbsen und Cashewkerne unterrühren und mit Salz abschmecken. Bis zur Verwendung abgedeckt und bei geringer Hitze warm halten.

Den fermentierten Teig mit etwas kaltem Wasser verdünnen. Die Masse sollte glatt und leicht dickflüssig sein. In einer kleinen Pfanne 1 EL Öl erhitzen. Eine kleine Portion Teig hineingeben und durch leichtes Schwenken gleichmäßig bis an den Rand verteilen. 2 Min. backen, wenden und von der anderen Seite weitere 2–4 Min. backen, bis der Rand goldbraun und leicht knusprig ist. Den Pfannkuchen auf einen Teller gleiten lassen, etwas Füllung darauf verteilen und den Pfannkuchen darüber zusammenfalten. Die übrigen Dosas genauso zubereiten. Noch warm mit Kokos-Chutney (S. 68) und Sambar (S. 63) servieren.

SAMBAR
TAMILISCHES DAL MIT MORINGA-SCHOTEN

Dieses klassische südindische Rezept wird zu Dosa oder als Teil eines südindischen Thali serviert. Als ich das erste Mal Drumsticks (so werden die Schoten des Moringa-Baumes spaßeshalber genannt) aß, wusste ich noch nicht, dass man das süße Fruchtfleisch mit den Samen einfach aus der länglichen Frucht heraussaugen kann, und fand die zähe Schale ziemlich unappetitlich. Man kleckert beim Essen zwar eine Menge, aber es ist unglaublich köstlich.

FÜR DAS SAMBAR MASALA
200 g getrocknete rote Chilischoten
8 EL Koriandersamen
1½ EL Bockshornklee-samen
1½ EL schwarze Pfefferkörner
1½ EL Senfsamen
2 EL Mohnsamen
2 Stangen Cassia-Zimt
1 Handvoll Curryblätter
2 TL gemahlene Kurkuma
2 TL getrocknete Straucherbsen (Toor dal)
2 TL getrocknete geschälte, halbierte Kichererbsen (Chana dal)

FÜR DAS DAL
200 g getrocknete Straucherbsen (Toor dal)
200 g Moringa-Schoten nach Belieben, leicht abgeschabt, in 6 cm großen Stücken
1 TL gemahlene Kurkuma
1 TL Chilipulver
4 grüne Chilischoten, längs halbiert
1 Zwiebel, geschält, fein gehackt
2 Tomaten, grob gehackt
1 TL Salz

AUSSERDEM
2 EL Pflanzenöl
½ TL Kreuzkümmelsamen
1 TL Koriandersamen
1 TL schwarze Senfsamen
15 frische oder getrocknete Curryblätter
¼ TL gemahlenes Asafoetida
1 EL Tamarinden-konzentrat
1 Handvoll Koriandergrün, Blättchen abgezupft

FÜR 4–6 PORTIONEN

Für das Sambar Masala die Chilis in einer heißen Pfanne ohne Fett 4–5 Min. rösten. Beiseitestellen. Die übrigen Zutaten für das Masala ebenfalls ohne Fett 2–3 Min. rösten. Alle Zutaten mit dem Mörser oder der Küchenmaschine zu feinem Pulver verarbeiten. (Für dieses Rezept wird nicht die gesamte Menge benötigt, die Gewürzmischung ist jedoch, luftdicht verschlossen aufbewahrt, mehrere Monate haltbar.)

Für das Dal die getrockneten Straucherbsen in eine Schüssel geben, mit Wasser aufgießen und 30 Min. einweichen. Abgießen und unter fließendem kaltem Wasser abspülen.

1,5 l Wasser in einen großen Topf füllen, Erbsen, Moringa-Schoten, Kurkuma, Chilipulver und -schoten, Zwiebel, Tomaten und Salz zufügen. Aufkochen und bei geringer Hitze 20 Min. köcheln lassen, bis die Straucherbsen zerfallen und die Moringa-Schoten gar sind. 1 EL Sambar Masala zufügen und weitere 6 Min. köcheln lassen.

Das Öl in einer Pfanne erhitzen und Kreuzkümmel-, Koriander- und Senfsamen, Curryblätter und Asafoetida bei mittlerer Hitze 2–3 Min. rösten. Das heiße Öl über das Dal gießen, das Tamarindenkonzentrat zufügen und gut untermischen. Nach Bedarf etwas Wasser zugießen, denn das Dal sollte nicht allzu dickflüssig sein. Erneut aufkochen. Zum Servieren Koriandergrün unterheben.

OOTHAPAM
SÜDINDISCHE GEMÜSEFLADEN

Oothapam sind eine Art dicker Pfannkuchen aus Hartweizen. Einige finden, Oothapam sähen so ähnlich aus wie Pizza. Sie schmecken aber ganz anders, und weil sie so schön weich sind, eignen sie sich hervorragend dafür, in leckeres Sambar (S. 63) gedippt zu werden. Belegt mit gebratenem Gemüse schmecken sie besonders gut. Traditionell wird der Teig für die Fladen einige Stunden oder über Nacht fermentiert. Von mir bekommt ihr eine traditionelle *und* eine moderne Version, die ebenso köstlich, aber viel schneller zubereitet ist.

FÜR DEN TEIG – TRADITIONELL ZUBEREITET

300 g Basmatireis, gewaschen, abgetropft
100 g geschälte Urdbohnen
½ TL Bockshornkleesamen
½ TL Salz

FÜR DEN TEIG – MODERN ZUBEREITET

300 g Hartweizengrieß
300 g Sojajoghurt
1 TL Zitronensaft
1 TL Natron
1 TL Salz
1 Prise gemahlenes Asafoetida

FÜR DEN BELAG

1–2 grüne Chilischoten, in dünnen Streifen
3 frische oder getrocknete Curryblätter, grob gehackt
1 rote Zwiebel, geschält, in feinen Ringen
2 Tomaten, fein gehackt
1 Möhre, geschält, geraspelt
1 kleine Handvoll Grünkohl, grob gehackt

AUSSERDEM

Pflanzenöl zum Ausbacken

FÜR 10 – 14 PORTIONEN

Für einen traditionellen fermentierten Teig den Reis in einer und die Bohnen und den Bockshornklee in einer anderen Schüssel jeweils 5 cm hoch mit Wasser aufgießen. Mind. 6 Std. oder über Nacht ziehen lassen.

Reis und Bohnen abgießen und die Flüssigkeiten separat aufbewahren. Den Reis in der Küchenmaschine oder mit dem Stabmixer mit 6–7 EL des aufbewahrten Reiswassers glatt pürieren. Bei Bedarf mehr Wasser zufügen. Die Bohnen mit 5 EL des aufbewahrten Bohnenwassers glatt pürieren. Püree in einer großen Schüssel vermengen, mit Salz würzen und abgedeckt an einem warmen Ort über Nacht fermentieren lassen. Einmal fermentiert, ist der Teig im Kühlschrank aufbewahrt bis zu 1 Woche haltbar oder kann bis zu 6 Monate eingefroren werden.

Für den modernen Teig alle Zutaten mit etwas Wasser zu einer dickflüssigen, glatten Masse vermengen.

In einer Pfanne ½ EL Öl erhitzen. 1 Portion Teig hineingeben und durch leichtes Schwenken gleichmäßig bis an den Rand verteilen. Die Pfanne sofort vom Herd nehmen, 1 Handvoll des vorbereiteten Belags auf dem Teig verteilen und leicht andrücken. Den Pfannkuchen 3 Min. backen, wenden und weitere 1–2 Min. von der anderen Seite backen. Die übrigen Oothapams genauso zubereiten. Noch warm mit Kokos-Chutney (S. 68), einfachem Sambal (S. 33) oder Sambar (S. 63) servieren.

VINDALHO MIT GRÜNER JACKFRUCHT

Ich liebe scharfe Currys, und Vindalho erinnert mich an die Currys, die ich als Kind gegessen habe. Sein Geschmack ist für mich zugleich exotisch und vertraut. Soweit ich mich erinnern kann, kochte meine Mutter Vindalho mit Schweinefleisch und Kartoffeln. Auch wenn meine Mutter es aus Versehen mal wieder viel zu scharf gewürzt hatte, fand ich es köstlich.

Mein Vindalho-inspiriertes Curry bereite ich mit grüner Jackfrucht zu (manchmal auch mit grüner Papaya). Jackfrucht ist in Südindien, Sri Lanka und Südostasien weit verbreitet und wird wegen ihrer Textur, die sehr an die von Schweinefleisch erinnert, häufig in vegetarischen Currys verwendet. Allerdings ist Jackfrucht selbst in asiatischen Lebensmittelgeschäften relativ selten wirklich frisch zu bekommen. Grüne Papaya ist eine gute Alternative.

FÜR DIE GEWÜRZPASTE
30 schwarze Pfefferkörner
10–20 große getrocknete
    rote Chilischoten
1 TL Kreuzkümmelsamen
8 Gewürznelken
1 Stange (Cassia-)Zimt
1 Sternanis
2 EL Ingwerpaste oder
    1 Stück (6 cm) Ingwer,
    geschält, fein gehackt
1 EL Pflanzenöl
6 Knoblauchzehen,
    geschält, zerdrückt
4 TL Rotweinessig
1 EL Tamarinden-
    konzentrat

FÜR DAS CURRY
400 g Kartoffeln (mehlig-
    kochend), geschält, in
    2,5 cm großen Würfeln
1 TL Senfsamen
560 g grüne Jackfrucht
    (Dose), abgespült,
    abgetropft, in 2,5 cm
    großen Stücken
1–2 EL Pflanzenöl

3 Zwiebeln, geschält,
    in feinen Ringen
20 frische oder
    getrocknete
    Curryblätter
1 TL Salz
½–1 TL brauner Zucker

AUSSERDEM
1 Handvoll Koriandergrün

FÜR 4–6 PERSONEN

Für die Gewürzpaste alle Zutaten im Mörser oder in einer Gewürzmühle zu einer glatten Paste verarbeiten. Dafür zuerst die trockenen Zutaten mahlen, dann die feuchten Zutaten untermischen.

Für das Curry die Kartoffeln in kochendem Wasser in 10–12 Min. garen. Abgießen und beiseitestellen.

Die Senfsamen in einer kleinen Pfanne ohne Fett rösten. Die Kartoffeln mit der Jackfrucht in eine große Schüssel geben, die Hälfte der Gewürzpaste und die Senfsamen untermischen. Abgedeckt mind. 1 Std. im Kühlschrank ziehen lassen.

Das Öl in einem großen Topf mit schwerem Boden erhitzen und die Zwiebeln bei mittlerer Hitze in 5 Min. glasig dünsten. Den Rest der Gewürzpaste und die Kartoffel-Jackfrucht-Mischung zufügen und bei mittlerer Hitze weitere 5–6 Min. braten. 800 ml Wasser zugießen, Curryblätter, Salz und Zucker unterrühren und aufkochen. Bei geringer Hitze 15 Min. köcheln lassen, nach Bedarf zusätzliches Wasser zugießen. Mit Koriandergrün garnieren und mit gedämpftem Basmatireis und Chapatis servieren.

PIKANTES KOKOS-CHUTNEY

Das in Südindien als Kobbari Pachadi bekannte Chutney wird traditionell zu Pfannkuchen und frittierten Snacks gegessen. Im Kühlschrank aufbewahrt, ist es 3–4 Tage haltbar. Wenn ihr für dieses Gericht frische Kokosnuss bekommen könnt – wunderbar! Aber auch mit Kokosflocken schmeckt das Chutney köstlich.

100 g Kokosflocken, 40 Min. in heißem Wasser eingeweicht, abgegossen, ausgedrückt, oder 200 g frische Kokosnuss, Schale und Haut entfernt, fein geraspelt

200 g Sojajoghurt
1 EL Pflanzenöl
1 TL Senfsamen
1 getrocknete Chilischote, fein gehackt

ERGIBT 350 G

Die eingeweichten Kokosflocken oder die frisch geraspelte Kokosnuss und den Sojajoghurt in der Küchenmaschine oder mit dem Stabmixer glatt pürieren. In eine Servierschüssel füllen.

Das Öl in einer kleinen Pfanne erhitzen, Senfsamen und Chili bei mittlerer Hitze rösten, bis das Öl zu zischen und spritzen beginnt. Vom Herd nehmen, über das Chutney gießen und sorgfältig untermischen.

KRAUTSALAT MIT MANGO & LIMETTE

Dieser süßsaure Krautsalat ist eine tolle Beilage zu scharfen Gerichten. Er passt gut zu Currys, zu pikanten Snacks oder auf eine südindische Thali-Platte.

Abrieb von 1 Bio-Limette
Saft von 4 Limetten
250 ml Mangomark oder -püree
1 EL helle oder Tamari-Sojasoße
¼ TL Salz
1 TL Zucker (falls das Mangomark ungesüßt ist)
½ Kopf Rotkohl, geraspelt

½ Kopf Weißkohl, geraspelt
3 Möhren, geschält, geraspelt
1 kleine Handvoll frische Minze nach Belieben, Blättchen fein gehackt

FÜR 6 PORTIONEN

Limettenabrieb und -saft in eine große Schüssel geben. Mangomark, Sojasoße, Salz und Zucker untermischen und glatt rühren, bis der Zucker vollständig aufgelöst ist.

Kohl und Möhren zugeben und sorgfältig unter das Dressing heben. Kurz vor dem Servieren die Minze unterheben.

MAJJIGE HULI

GEMÜSE NACH KARNATAKA-ART

In Karnataka findet man saftig grüne Landschaften (hier leben wohl auch Tiger), wunderschöne Strände (an denen das Schwimmen an einigen Stellen wegen der starken Strömungen nicht ungefährlich ist) und bezaubernde altertümliche Ruinen. Am besten hat es uns in Hampi gefallen, einer alten Hippie-Enklave, in der es viele beeindruckende Tempelruinen gibt. Wir entdeckten dort ein Restaurant mit Blick auf den Fluss und köstlichem Essen – hier wurde uns dieses Gericht serviert.

100 g geschälte, halbierte Kichererbsen (Chana dal)

500 g Flaschenkürbis, geschält, in ca. 2 cm großen Würfeln

200 g Butternusskürbis, geschält, Kerne entfernt, in ca. 2 cm großen Würfeln

2 Kartoffeln, geschält, gewürfelt

1 Möhre, geschält, gewürfelt

Salz

1 Stück (5 cm) Ingwer, geschält, gerieben, oder 1 EL Ingwerpaste

1 EL Senfpulver

50 g Kokosflocken, 40 Min. in heißem Wasser eingeweicht, abgegossen, ausgedrückt, oder 100 g frische Kokosnuss, Schale und Haut entfernt, fein geraspelt

1 EL Koriandergrün, grob gehackt

10 frische oder getrocknete Curryblätter

2 grüne Chilischoten, fein gehackt

500 ml Mandelmilch

200 g grüne Bohnen, geputzt

frisch gemahlener schwarzer Pfeffer

AUSSERDEM

2 EL Pflanzenöl

1 TL Senfsamen

10 frische oder getrocknete Curryblätter

½–1 TL Chilipulver

½–1 TL Salz

Saft von ½ Zitrone

FÜR 4–6 PORTIONEN

Die Kichererbsen in einer Schüssel mit Wasser bedecken und 2 Std. einweichen. Abgießen und abspülen. In kochendes Wasser geben und bei geringer Hitze in 15–20 Min. garen. Abgießen und beiseitestellen.

Gemüse, bis auf die grünen Bohnen, in 300 ml gesalzenem Wasser in einem großen Topf aufkochen. Abgedeckt 10–15 Min. köcheln lassen, bis das Gemüse gar ist. Abgießen und beiseitestellen.

Die Kichererbsen mit 5 EL Wasser in der Küchenmaschine oder mit dem Stabmixer glatt pürieren. Ingwer, Senfpulver, Kokosflocken (oder Kokosnuss), Koriandergrün, Curryblätter und Chilischoten zufügen und glatt pürieren.

Die Mandelmilch in einen großen Topf füllen, Kichererbsenpüree und Gemüse unterrühren. Aufkochen, die grünen Bohnen zufügen und in 2–3 Min. garen. Mit Salz und Pfeffer abschmecken.

Das Öl in einer kleinen Pfanne erhitzen, Senfsamen, Curryblätter, Chilipulver und Salz bei mittlerer Hitze rösten, bis das Öl nicht mehr zischt und spritzt. Über das Curry gießen, Zitronensaft zugeben und gut umrühren. Mit Reis und Krautsalat (S. 68) servieren.

RHABARBER-SAMOSAS MIT ROSENSIRUP

Diese Samosas waren eines der ersten Desserts auf meiner Street-Food-Speisekarte. Ich liebe Rhabarber. Seine Säure passt wunderbar zu dem süßen, knusprig-klebrigen Teig der Samosas.

FÜR DIE SAMOSAS
800 g Rhabarber, in 2 cm
    großen Stücken
2–3 EL Zucker
1½ TL Zimt
12 Blatt
    Frühlingsrollenteig
Kokosöl, zerlassen

FÜR DEN SIRUP
2–3 TL Zucker
2 EL Rosenwasser

AUSSERDEM
Pflanzenöl zum Einfetten

FÜR 6 PERSONEN

Den Backofen auf 120 °C vorheizen. Den Rhabarber auf 2 gefetteten Backblechen verteilen und backen, bis er weich ist, aber noch nicht zerfällt. In eine Schüssel füllen und Zucker und Zimt untermischen. Beim Backen ausgetretenen Rhabarbersaft in einen kleinen Topf gießen und beiseitestellen. Die Temperatur auf 180 °C erhöhen.

Ein Blatt Frühlingsrollenteig auf die Arbeitsfläche legen und die Ränder mit Kokosöl einstreichen. Übrige Teigblätter mit einem feuchten Küchentuch bedecken, damit sie nicht austrocknen. 1 EL Rhabarber auf eine Ecke des Teigblatts geben und das Blatt über der Füllung zu einem Dreieck zusammenfalten. Die Ränder zusammendrücken und überschüssigen Teig abschneiden. Die übrigen Samosas genauso vorbereiten. Übrig gebliebenen Rhabarber zum Saft in den Topf geben. Für den Sirup Zucker und Rosenwasser zufügen, aufkochen und bei geringer Hitze köcheln lassen, bis ein klebriger Sirup entstanden ist. Durch ein feinmaschiges Sieb streichen.

Teigtaschen auf ein gefettetes Backblech legen und in 15–20 Min. goldbraun und knusprig backen. Mit Rosensirup beträufeln und mit Sternanis-Vanille-Eiscreme servieren.

STERNANIS-VANILLE-EISCREME

Kokosmilch und Kokossahne machen dieses Eis besonders cremig, ohne dabei den Geschmack zu dominieren. Sie können durch andere vegane Milch-Alternativen ersetzt werden, dann erhält das Eis aber eher die Konsistenz eines Sorbets.

1 Vanilleschote,
    längs halbiert
½ TL gemahlener
    Sternanis
400 ml Kokosmilch
    (Dose)
160 ml Kokossahne
3 EL Agavendicksaft
100 g Zucker

FÜR 8–10 PORTIONEN

Das Vanillemark mit dem Messerrücken aus der Schote kratzen und in einen Topf geben. Übrige Zutaten zufügen, erhitzen und bei mittlerer Temperatur köcheln lassen, bis sich der Zucker vollständig aufgelöst hat und eine cremige Mischung entstanden ist. Durch ein feinmaschiges Sieb streichen und in der Küchenmaschine oder mit dem Stabmixer glatt pürieren. Erneut durch das Sieb streichen und mit Frischhaltefolie abgedeckt (so bildet sich keine Haut) in den Kühlschrank stellen. Die gekühlte Mischung in einen geeigneten Behälter füllen und luftdicht verschlossen 2 Std. in den Gefrierschrank stellen. Eiskristalle dann mit der Gabel oder dem Handrührgerät gleichmäßig unter die Masse arbeiten und für weitere 2 Std. einfrieren. Erneut gut umrühren und anschließend fest gefrieren lassen.

Die Eiscreme 20 Min. vor dem Servieren aus dem Gefrierschrank nehmen.

MANGO-LASSI MIT LIMETTENSIRUP

Der Limettensirup muss zwei Wochen im Voraus zubereitet werden und schmeckt auch in anderen Drinks und Cocktails gut. Ihr könnt den Sirup bei Bedarf durch frisch gepressten Saft von 4 Limetten ersetzen.

FÜR DEN SIRUP
Saft von 16 Limetten
150 g feiner Zucker

FÜR DEN LASSI
500 ml Mangomark
   oder -püree
2 EL Agavendicksaft (falls
   ungesüßtes Mango-
   mark verwendet wird)
400 g Sojajoghurt
400 g oder 3 große
   Handvoll Eiswürfel

FÜR 3–4 PORTIONEN

Für den Sirup Limettensaft und Zucker in eine steri-lisierte Flasche füllen, fest verschließen und kräftig schütteln. 2 Wochen auf der Fensterbank stehen lassen, dabei gelegentlich schütteln, damit sich der Zucker vollständig auflöst. (Die Flasche später vor-sichtig öffnen!)

Für den Lassi das Mangomark mit dem Agaven-dicksaft in der Küchenmaschine oder mit dem Stab-mixer pürieren. Joghurt, 100 ml Limettensirup und Eiswürfel zufügen und erneut mixen, bis eine glatte Masse entstanden ist. Sofort in 3–4 Gläser füllen und servieren.

BANANEN-DATTEL-LASSI

Diesen köstlichen Lassi hat mir Guy gezeigt, eine meiner Reisebekanntschaften, der den Lassi bei jeder Gelegenheit trinkt. Der Lassi schmeckt leicht nach Karamell und ist etwas für alle, die es gerne süß mögen.

6 frische oder
   getrocknete Medjool-
   Datteln, entsteint,
   30 Min. in heißem
   Wasser eingeweicht
3 Bananen, geschält
600 ml Sojajoghurt
1 EL Zuckerrübensirup
400 g oder 3 große
   Handvoll Eiswürfel

AUSSERDEM
Zimt nach Belieben
schwarze Sesamsamen
   nach Belieben

FÜR 3–4 PORTIONEN

Datteln, Bananen, Joghurt und Sirup mit den Eiswürfeln in der Küchenmaschine oder mit dem Stabmixer pürieren. Auf 3–4 Glä-ser verteilen und sofort servieren. Nach Belieben mit je 1 Prise Zimt und schwarzen Sesamsamen garnieren.

Sri Lanka

Als wir Colombo, die Hauptstadt Sri Lankas, erreichten, war die Stimmung sehr ange-spannt. Auf dem Flughafen herrschte höchste Alarmstufe, in der Stadt wimmelte es von Demonstranten, und die Armee war überall präsent. Also nahmen wir den nächsten Zug in die Berge. Die Züge in Sri Lanka sind klapprig, laut und langsam (und Platzreservierungen werden hier nicht ernst genommen, man muss also eine Menge Durchsetzungsvermögen an den Tag legen, um einen Sitzplatz zu ergattern). Doch die Zugfahrt durch die wunder-schöne Landschaft versöhnte uns wieder mit der Insel.

Als wir endlich an der Ostküste ankamen, trafen wir auf noch schönere Landschaften und einige einsame Strände. Wir wohnten in einem kleinen Fischerdorf nahe des Yala-Nati-onalparks. Der Tsunami 2004 hat die Menschen hier hart getroffen. Überall wurde man an die Katastrophe erinnert: 7,5 Meter hohe Sandbänke, Boote, die weit von der Küste ent-fernt im Boden steckten und hunderte Betonbodenplatten von Gebäuden, die nicht mehr existierten.

KANDY Die Stadt Kandy befindet sich auf einem Plateau in den kühlen Bergen der Zentral-provinz Sri Lankas und ist der perfekte Ausgangspunkt für die Erkundung von Tempeln, altertümlichen Palästen und heiligen Stätten (von denen es hier viele gibt). Kandy war die Hauptstadt früherer Könige und ist eine der wichtigsten Pilgerstätten für Buddhisten, da sich hier der Sri Dalada Maligawa, der sogenannte Zahntempel, befindet, in dem angeblich einer der Zähne Gautamas, des Begründers des Buddhismus, aufbewahrt wird. Ich hatte eigentlich nie das Bedürfnis zu heiraten, doch nach siebzehn gemeinsamen Jahren (und aufgrund der Überredungskünste unserer Kinder) entschieden wir, dass, wenn wir heiraten würden, es hier in Kandy geschehen müsse. Wir hielten unser Versprechen den Kindern gegenüber und reisten drei Jahre später wieder hierher.

Von links nach rechts: Hochzeitsblumen, Kundasale; Jungen im Zug von Kandy nach Ella; Sonnenaufgang an einem Hang in Kandy; Goldener Tempel in Dambulla; im Fluss spielende Elefanten, Heiligtum von Pinnawala; Stupa im Tempel von Lankatilaka, Hiyarapitiya; Sonnenuntergang am Strand von Kirinda.

POL SAMBOL
KOKOS-CHUTNEY SRI-LANKA-STYLE

Dieses Chutney ist etwas pikanter als das nordindische Gegenstück. Ich serviere es gerne zu Cheela-Pfannkuchen oder als Gang eines sri-lankischen Menüs.

FÜR 4 – 6 PORTIONEN

100 g Kokosflocken, 10 Min. in heißem Wasser eingeweicht, abgegossen, ausgedrückt, oder 200 g frische Kokosnuss, Schale und Haut entfernt, fein geraspelt
1 rote Zwiebel, geschält, grob gehackt
10 frische oder getrocknete Curryblätter
Saft von 1 Zitrone oder Limette
2 – 4 rote Chilischoten, grob gehackt

Alle Zutaten bis auf die Chilis in der Küchenmaschine oder mit dem Stabmixer zu einer stückigen Masse verarbeiten. Die Chilischoten untermischen und das Sambol luftdicht verschlossen bis zu 5 Tage im Kühlschrank aufbewahren.

KATTA SAMBOL
RELISH AUS CHILISCHOTEN, TOMATEN & ZWIEBELN

In letzter Zeit esse ich auch zum Frühstück gerne pikante Speisen. Damit dieses Relish eine leicht süße Note bekommt und um die Aromen auszugleichen, gebe ich frische Tomaten zu. Es wird häufig zu Hochzeits-Hoppern (S. 88) serviert.

2 große rote Chilischoten, grob gehackt, oder
1 EL Chiliflocken
1 Prise Chilipulver
1 rote Zwiebel, geschält, grob gehackt

1 Tomate, grob gehackt
Abrieb und Saft von
1 Bio-Limette
Salz

FÜR 4 – 6 PORTIONEN

Chilischoten, Chilipulver, Zwiebel und Tomate in der Küchenmaschine oder mit dem Stabmixer zerkleinern oder im Mörser zerstoßen. Mit Limettenabrieb und -saft vermengen. Mind. 1 Std. ziehen lassen und erst kurz vor dem Servieren mit Salz abschmecken.

Von links nach rechts: Kothu
Parotta; Einfaches sri-lankisches
Dal; Katta Sambol; Pol Sambol.

PAROTTA
FLADENBROT

Parotta oder Roti wird ein weiches Fladenbrot genannt, das aus vielen dünnen Lagen besteht. In Südindien und Sri Lanka wird es frisch zu sri-lankischem Dal oder Curry serviert.

565 g Mehl (Type 405)   **ERGIBT 6 – 8 STÜCK**
1 TL Salz
1 TL Zucker
125 ml Sonnenblumenöl
   plus etwas zum
   Einfetten

Mehl, Salz und Zucker in einer Schüssel mischen und nach und nach ca. 300 ml Wasser unterrühren, bis ein weicher Teig entstanden ist. 1 EL Öl untermischen und den Teig 10 Min. durchkneten. Mit einem Küchentuch abdecken und 2 Std. oder über Nacht ruhen lassen.

Die Arbeitsfläche dünn mit Öl einstreichen. Aus dem Teig 6–8 Kugeln formen und zu dünnen Fladen (ø 12 cm) ausrollen. 10 Min. ruhen lassen. Mit den Händen behutsam auseinanderziehen, sodass der Teig noch dünner wird. Den Teig dabei immer wieder mit Öl einstreichen. Es macht nichts, wenn er einreißt. Wichtig ist nur, dass er so dünn wie möglich ausgebreitet wird. Den Teig anschließend zu einem langen Streifen zusammenfalten, spiralförmig zusammenlegen und erneut zu einem Fladen ausrollen. Eine große Pfanne erhitzen und die Parottas bei mittlerer Temperatur von beiden Seiten goldbraun backen.

KOTHU PAROTTA
PIKANTE FLADENBROTE MIT GEMÜSE

Dies ist ein tamilischer Street-Food-Klassiker. Tamilische Gerichte findet man vor allem in Südindien und auf Sri Lanka. Sie sind bekannt dafür, extrem scharf zu sein. In Cafés und Ständen am Straßenrand wird das Fladenbrot mit zwei stumpfen Metallklingen gehackt – das unverwechselbare Geräusch, das dabei entsteht, ist stets schon von Weitem zu hören.

3 Parottas (links) oder
   Chapatis
1 EL Sonnenblumenöl
1 Stück (2,5 cm) Ingwer,
   geschält, fein gehackt,
   oder 1 TL Ingwerpaste
1 TL Knoblauchpaste
2 Handvoll Gemüse nach
   Wahl, ggf. gewürfelt,
   z. B. Möhren, grüne
   Bohnen, Paprika,
   Erbsen, Zucchini
1 Zwiebel, geschält,
   fein gehackt
1 Tomate, gehackt
1–2 grüne Chilischoten,
   fein gehackt

1 TL gemahlener
   Koriander
½ TL Chilipulver
½ TL gemahlene
   Kurkuma
½ TL Kreuzkümmelsamen
½ TL Fenchelsamen
2 EL (Tamari-)Sojasoße
½ TL Zitronensaft
Salz

FÜR 4 – 6 PORTIONEN

Die Parottas oder Chapatis in 2 cm breite Streifen reißen oder schneiden. Öl im Wok oder in einer großen Pfanne erhitzen. Ingwer und Knoblauchpaste bei hoher Temperatur 2–3 Min. anschwitzen. Gemüse, Zwiebel, Tomate und Chilischoten zufügen und weitere 3 Min. braten.

Die Gewürze sorgfältig unterrühren. Sojasoße zufügen und 5–6 Min. köcheln lassen, bis das Gemüse gar ist. Die Brotstreifen zufügen und unter Rühren erhitzen. Das Brot sollte gut mit Soße bedeckt sein. Vom Herd nehmen, den Zitronensaft untermischen und mit Salz abschmecken. Sofort servieren.

EINFACHES SRI-LANKISCHES DAL

Als wir schon fast sechs Monate unterwegs waren, reisten Freunde von zu Hause an, um uns zwei Wochen lang auf unserer Tour durch Sri Lanka zu begleiten. Wir verbrachten eine tolle Zeit in Ella, einem meiner liebsten Orte in den Bergen, spazierten durch Teeplantagen und genossen atemberaubende Aussichten, bevor wir hungrig in unser Gasthaus zurückkehrten. Dieses Dal aßen wir auf Sri Lanka zu fast jeder Mahlzeit.

180 g rote Linsen
1 TL Salz
1 TL gemahlene Kurkuma
2 EL Kokosmilch (Dose nicht schütteln und die cremige Milch abschöpfen)
1 große Tomate, gehackt

AUSSERDEM
1 EL Sonnenblumen- oder anderes Pflanzenöl

1 Zwiebel, geschält, fein gehackt
½ TL Senfsamen
½ TL Kreuzkümmelsamen
½ TL Bockshornklee- samen
15 frische oder getrocknete Curryblätter
1–2 grüne Chilischoten, fein gehackt

FÜR 4 PORTIONEN

Für das Dal Linsen, Salz und Kurkuma in 700 ml Wasser aufkochen. Bei geringer Hitze köcheln lassen, bis die Linsen gar sind, aber noch nicht zerfallen. Schaum von der Oberfläche schöpfen. Kokosmilch und Tomate zugeben und weitere 3 Min. köcheln lassen. Mit Salz abschmecken.

Das Öl in einer Pfanne erhitzen, die Zwiebel bei mittlerer Hitze in 5–10 Min. zunächst glasig dünsten, dann rösten. Senf-, Kreuzkümmel- und Bockshornkleesamen, Curryblätter und Chilischoten untermischen und weitere 4–5 Min. rösten. Das heiße Öl über das Dal gießen und untermischen. Mit Brot oder Reis servieren.

MASALA CHAI
INDISCHER GEWÜRZTEE

Ich mochte Masala Chai nicht, als ich ihn das erste Mal trank. Er stand im krassen Gegensatz zu meinen britischen Teegewohnheiten – starkem schwarzen Tee ohne Zucker. Doch nach einigen Monaten ertappte ich mich dabei, wie ich mich nach dem aromatisch-süßen Getränk sehnte – vor allem nach endlosen Stunden des Unterwegsseins. Wie schön war es, im Nachtzug aus Varanasi vom Ruf des Chai-Wallahs (des Tee-Verkäufers) geweckt zu werden. Noch heute rufen mein Ehemann und ich uns „chai-di-chai" zu, wenn wir den Tee kochen.

6 Beutel schwarzer Tee
4–6 grüne Kardamom- kapseln, Samen herausgelöst, zerstoßen
1 TL Fenchelsamen
1 (Cassia-)Zimtstange
2 Gewürznelken
1 Prise frisch gemahlener schwarzer Pfeffer

1 Stück (2 cm) Ingwer, geschält, in feinen Scheiben
4–6 TL Zucker
Sojamilch oder -sahne

ERGIBT 1 KANNE TEE FÜR 4–6 PERSONEN

In einem kleinen Topf 300 ml Wasser aufkochen und die Teebeutel zugeben. Kardamom- und Fenchelsamen in einer Pfanne ohne Fett unter Rühren ca. 30 Sek. rösten. Kardamom- und Fenchelsamen, Zimt und Nelken in der Gewürzmühle mahlen oder im Mörser fein zerstoßen. Die Gewürze mischen.

2 TL der Gewürzmischung zusammen mit dem frischen Ingwer zum Tee geben. Aufkochen und 5–10 Min. köcheln lassen. Pro Person 1 TL Zucker zufügen. Den Tee durch ein feinmaschiges Sieb in Tassen gießen. Für einen authentischen, besonders cremigen Chai Sojamilch oder -sahne zufügen.

FRÜHLINGS-CHEELA
PFANNKUCHEN MIT FRÜHLINGSGEMÜSE & CHUTNEY

Cheela sind herzhafte Pfannkuchen aus Kichererbsenmehl, die häufig gehacktes Gemüse enthalten. Wenn es schneller gehen muss, können bereits gemahlene Gewürze verwendet werden, dann aber sollte die angegebene Menge halbiert werden.

FÜR DIE PFANNKUCHEN
2 EL Kreuzkümmelsamen
1 EL Koriandersamen
350 g Kichererbsenmehl
2 TL Backpulver
1 TL Salz
1 TL schwarzer Pfeffer
2 Frühlingszwiebeln,
    in feinen Ringen
1 Handvoll Koriander-
    grün, fein gehackt, plus
    etwas zum Garnieren

3 junge Lauchstangen,
    in feinen Ringen
100 g Erbsen

FÜR DAS CHUTNEY
20 g Kokosflocken,
    10 Min. in heißem
    Wasser eingeweicht,
    abgegossen,
    ausgedrückt
150 g frische Ananas,
    gewürfelt, oder
    Ananasstücke (Dose)

1 kleine rote Chilischote,
    fein gehackt
1 Spritzer Limettensaft

AUSSERDEM
Pflanzenöl zum
    Ausbacken

ERGIBT 8–10 STÜCK

Kreuzkümmel- und Koriandersamen in einer Pfanne ohne Fett unter Rühren 30 Sek. rösten. In der Gewürzmühle mahlen oder im Mörser fein zerstoßen.

Mehl und Backpulver in eine Schüssel sieben. Geröstete Gewürze, Salz, Pfeffer und 570 ml Wasser untermischen, bis eine glatte Masse entstanden ist. 30 Min. ruhen lassen.

Für das Chutney Kokosflocken, Ananas, Chili und Limettensaft vermengen.

Frühlingszwiebeln und Koriander unter den Pfannkuchenteig heben. In einer Pfanne 1–2 EL Öl erhitzen und 1 kleine Handvoll Lauch und Erbsen zufügen. Sobald der Lauch weich ist, 1 Portion Teig in die Pfanne gießen und in 4–5 Min. goldbraun backen. Wenden und von der anderen Seite weitere 4–5 Min. backen. Auf Küchenpapier abtropfen lassen und im Ofen warmhalten, solange die anderen Pfannkuchen gebacken werden. Noch warm mit dem Chutney servieren.

SCHWARZES CURRY MIT ROTER BETE & SPINAT

Eine Version dieses Currys haben wir während einer Dschungel-Tour in Kitulgala serviert bekommen. Unser Gastgeber war ein riesiger Mann mit ebenso riesigem Bart. Nach anstrengenden Rafting- und Entdeckungstouren im Nebelwald wurden uns täglich fantastische vegane Mahlzeiten serviert. Es gibt auf Sri Lanka verschiedenste Curry-Varianten: mild und cremig mit einer Menge Kokosmilch oder tiefrot und höllisch scharf mit Chilipulver und Tomaten. Dieses schwarze Curry mit gerösteten Gewürzen ist etwas ganz Außergewöhnliches.

FÜR DAS CURRY
550 g frische Rote Bete oder geschälte vorgegarte Rote Bete
2 rote Zwiebeln, geschält, fein gehackt
1 EL Knoblauchpaste
2–4 getrocknete rote Chilischoten, 30 Min. in heißem Wasser eingeweicht, abgegossen
1 Stange Zitronengras
2 TL Kreuzkümmelsamen
2 TL Koriandersamen
1 TL Fenchelsamen
4 EL Pflanzenöl
300 g frischer oder TK-Spinat
300 ml Gemüsebrühe
300 ml Kokosmilch (Dose)
Salz
frisch gemahlener schwarzer Pfeffer

AUSSERDEM
120 g Cashewkerne

FÜR 4 – 6 PORTIONEN

Frische Rote Bete in einen Topf mit kochendem Wasser geben, bei geringer Hitze 1 Std. köcheln und in der Flüssigkeit abkühlen lassen. Die Schale von den Knollen ziehen und in 1–2 cm große Würfel schneiden.

Zwiebeln, Knoblauchpaste, Chilis und Zitronengras glatt pürieren und beiseitestellen.

Kreuzkümmel-, Koriander- und Fenchelsamen in einer Pfanne ohne Fett bei mittlerer Hitze unter Rühren 30 Sek. rösten. In der Gewürzmühle mahlen oder im Mörser fein zerstoßen.

Das Öl in einem Topf erhitzen und die Zwiebelpaste bei hoher Temperatur 3–4 Min. unter Rühren erhitzen. Die Gewürzmischung zugeben und bei mittlerer Hitze unter ständigem Rühren 10 Min. rösten. Rote Bete und Spinat unterrühren und weitere 2 Min. braten. Brühe zugießen und 8–10 Min. köcheln lassen. Die Kokosmilch einrühren, aufkochen und bei geringer Hitze weitere 3 Min. köcheln lassen. Nach Bedarf etwas Wasser zufügen. Großzügig mit Salz und Pfeffer abschmecken.

Die Cashewkerne in einer Pfanne ohne Fett unter gelegentlichem Rühren in 2–3 Min. goldbraun rösten. Auf das Curry streuen und mit Reis servieren.

HOCHZEITS-HOPPER
FERMENTIERTE KOKOS-PFANNKUCHEN

Diese Pfannkuchen heißen nicht wirklich Hochzeits-Hopper, sondern einfach Reis-Hopper. Aber in Sri Lanka werden sie traditionell zum Hochzeitsfrühstück gegessen – und zu dieser Gelegenheit haben auch wir sie zum ersten Mal probiert – gefüllt mit einem Ei und feurig-scharfem Chili-Zwiebel-Relish. Sie ähneln den südindischen Appams (auch eine Art Pfannkuchen), sind aber besonders dünn und knusprig. Der Wok, in dem sie ausgebacken werden, darf nicht breiter sein als 15 cm, denn sonst erhalten die Hopper nicht die gewünschte Form.

1½ TL Trockenhefe
2 EL Zucker
240 ml Kokosmilch
   (Dose)
360 g Reismehl
1 Prise Salz
1–2 EL Pflanzenöl

FÜR 4–6 PORTIONEN

Die Trockenhefe mit 2 EL warmem Wasser verrühren, 1 EL Zucker untermischen und 10 Min. ruhen lassen, bis sich eine dünne Schicht Schaum an der Oberfläche gebildet hat.

Die Kokosmilch mit 185 ml warmem Wasser vermengen und unter die Hefe rühren. Mehl in eine Schüssel sieben, übrigen Zucker und Salz untermengen und die Kokosmilch-Mischung nach und nach unterrühren, bis ein dickflüssiger, glatter Teig entstanden ist. Abgedeckt mind. 4–6 Std. ruhen lassen (am besten über Nacht).

Den Wok dünn mit Öl einfetten und erhitzen. Die Teigmasse mit etwas Wasser verdünnen. Sobald der Wok heiß ist, 1 Portion Teig hineingeben und den Wok sofort schwenken, sodass sich der Teig gut verteilt. Den Wok zudecken und den Pfannkuchen bei geringer Hitze in ca. 5 Min. ausbacken. Die Ränder des Hoppers sollten dünn und knusprig sein, der Boden weich und saftig.

Den Hopper mit einem Pfannenwender behutsam vom Wok lösen und herausheben. Die übrigen Hopper genauso zubereiten. Noch warm mit einem Klecks Himbeerkonfitüre oder Katta Sambol (S. 78) servieren.

KOKOS-LIMETTEN-SORBET

Dieses Sorbet könnte locker als Eiscreme durchgehen, denn die Kokosmilch macht es besonders cremig. Ich habe es gerne auf Vorrat im Gefrierschrank, denn es passt wunderbar zu den verschiedensten Desserts und Tartes.

150 ml Agavendicksaft
Abrieb von 1 Bio-Limette
400 ml Kokosmilch
(Dose)
Saft von 4 Limetten

ERGIBT CA. 1 L

Agavendicksaft und Limettenabrieb mit 100 ml Wasser in einem kleinen Topf bei geringer Hitze aufkochen. Vom Herd nehmen und abkühlen lassen.

Die Kokosmilch in einer großen Schüssel mit Limettensaft und dem abgekühlten Sirup verrühren.

Die Mischung kalt stellen, anschließend in einen geeigneten Behälter füllen und luftdicht verschlossen 2 Std. in den Gefrierschrank stellen. Eiskristalle dann mit der Gabel oder dem Handrührgerät gleichmäßig unter die Masse arbeiten und weitere 2 Std. einfrieren. Erneut gut umrühren und fest gefrieren lassen.

Das Sorbet 20 Min. vor dem Servieren aus dem Gefrierschrank nehmen. Mit Ananas in Karamell servieren.

ANANAS IN KARAMELL

In Asien konnten wir exotische Früchte essen, soviel wir wollten. Den Kindern schmeckte Ananas am besten.

1 EL Glukosesirup oder
  1 Prise Weinsteinbackpulver
200 g Rohrohrzucker
185 ml Kokosmilch
  (Dose)
40 g geschälte
  Pistazienkerne nach
  Belieben, gehackt

1 Ananas, geputzt,
  in 1–2 cm dicken
  Scheiben

FÜR 8–10 PORTIONEN

Für die Karamellsoße 60 ml Wasser, Glukosesirup oder Backpulver und Zucker in einen Topf mit schwerem Boden geben und bei mittlerer Hitze zum Sieden bringen. Nun nicht mehr rühren, sondern den Topf nur noch behutsam schwenken. Sobald sich der Zucker vollständig aufgelöst hat und der Sirup klar ist, die Temperatur erhöhen und den Sirup 10–15 Min. köcheln lassen, bis er hellbraun ist. Vom Herd nehmen und die Kokosmilch unter Rühren behutsam zugießen. Die Karamellsoße wird warm serviert, kann aber bis zu 1 Monat luftdicht verschlossen im Kühlschrank aufbewahrt und vor der Verwendung dann einfach wieder aufgewärmt werden.

Den Ofen auf 180 °C vorheizen. Die Pistazien auf dem Backblech verteilen und in 5 Min. hellbraun rösten. Herausnehmen, umfüllen und abkühlen lassen.

Eine Grillpfanne stark erhitzen und die Ananasscheiben von jeder Seite in ca. 5 Min. goldbraun braten. Auf Teller verteilen, etwas Karamellsoße darüberträufeln und mit gerösteten Pistazien bestreuen. Dazu Kokos-Limetten-Sorbet servieren.

BANANEN-PFANNKUCHEN

Kein Asien-Reisender kommt um die köstlichen Bananen-Pfannkuchen herum, denn auf dem indischen Subkontinent und in Südostasien werden sie quasi an jeder Ecke angeboten. Wir haben während unserer Zeit auf Sri Lanka eine Menge dieser Pfannkuchen gegessen. Klar, dass das Rezept hier nicht fehlen durfte. Auf Sri Lanka war es nicht immer leicht, vegetarisches oder veganes Essen zu bekommen, aber Bananen-Pfannkuchen gab es immer. Meine Kinder bestehen darauf, dass die Pfannkuchen erst mit Erdnussbutter und Schokoladenaufstrich perfekt sind, für meine Freundin Natalie gehört süße Kondensmilch einfach dazu.

270 g Mehl (Type 405)
1–2 TL Zucker
½ TL Salz
150 ml Pflanzenöl
2–3 reife Bananen, geschält, in dicken Scheiben
veganer Schokoladenaufstrich nach Belieben
Erdnussbutter nach Belieben
vegane Kondensmilch nach Belieben
FÜR 4 PORTIONEN

Mehl, Zucker und Salz in einer Schüssel vermengen. Ca. 150 ml kaltes Wasser untermischen, bis ein glatter Teig entstanden ist. 1 EL Öl zufügen und den Teig ca. 10 Min. durchkneten. Mit einem feuchten Küchentuch abgedeckt mind. 2 Std. ruhen lassen.

Die Arbeitsfläche mit Öl bestreichen. Aus dem Teig vier Kugeln formen und zu Fladen (ø 12 cm) ausrollen. 10 Min. ruhen lassen. Mit den Händen behutsam auseinanderziehen, sodass der Teig noch dünner wird. Den Teig dabei immer wieder mit Öl einstreichen. Es macht nichts, wenn er einreißt. Wichtig ist nur, dass er so dünn wie möglich ausgebreitet wird. Den ausgebreiteten Teig zu einem Quadrat mit ca. 10 cm Seitenlänge falten, sodass mehrere Lagen aufeinanderliegen. Nochmals so dünn wie möglich ausrollen, der Pfannkuchen sollte aber noch in die Pfanne passen.

Die Pfanne erhitzen und den Pfannkuchen bei mittlerer Temperatur von einer Seite kurz anbraten (nicht zu lange, sonst lässt er sich später schwer falten), wenden, ein paar Bananenscheiben und nach Belieben Schokoladenaufstrich und Erdnussbutter mittig auf dem Pfannkuchen verteilen. Die Seiten über der Füllung zusammenfalten, sodass ein dickes Rechteck entsteht. Dieses von beiden Seiten goldbraun braten. Dafür evtl. etwas Öl in die Pfanne geben. Auf Küchenpapier abtropfen lassen. Die übrigen Pfannkuchen genauso zubereiten. Die Pfannkuchen zum Servieren schräg halbieren und mit Zuckerrübensirup oder Karamellsoße (S. 91) beträufeln.

THAILAND, LAOS & VIETNAM

Thailand

Thailand war das erste asiatische Land überhaupt, das Lee und ich bereisten. Das Reisen in Thailand ist wunderbar einfach. Man kann mit dem Zug fahren (die Reise im Schlafwagen war für die Kinder ein großes Abenteuer), mit günstigen Bussen oder mit den populären Songthaeos, den Gemeinschaftstaxen, bestehend aus einem Pickup-Truck mit zwei gegenüberliegenden Bänken auf der überdachten Ladefläche.

Im Norden des Landes gibt es noch immer weniger berührte Orte zu entdecken, während der Süden wegen der wunderschönen Inseln und Strände völlig überlaufen ist. Doch schon allein dank der einzigartigen Nationalparks Khao Sok, Similan und Tarutao ist Thailand für mich weitere Entdeckungsreisen wert.

Die thailändischen Städte sind großartig. Meine persönliche Lieblingsstadt ist Hat Yai, wo man auf den Märkten köstliches Street Food findet, das thailändische, malaysische und muslimische Küchentraditionen vereint. Den Kindern gefällt es in Bangkok am besten.

BANGKOK „Nichts geht über den Geruch von Bangkok!", verkündete mein Sohn Tevo, als er gerade sieben Jahre alt war. Wenn man den Flughafen von Bangkok verlässt, empfängt einen feuchtwarme Luft und ein leicht modriger Geruch von etlichen Garküchen, Benzin, Weihrauch, Millionen von Menschen und Müll. Aber wir mögen das irgendwie. Bangkok ist riesig, eng und weit ausufernd zugleich. Wenn wir hier sind, versuchen wir stets, in einem anderen Teil der Stadt zu wohnen, damit wir viele neue Plätze entdecken können. Doch riechen tut es überall gleich.

Wir haben uns in so viele Dinge in dieser Stadt verliebt. Vor allem in das Street Food, das wichtige Inspirationsquelle für viele meiner Rezeptideen war. Mein Sohn hat sich hier in Pad Thai verliebt, bzw. in Pad Thai Jay, die vegetarische Version. *Jay* bedeutet vegetarisch auf Thai – Ein Wort, das wir bei unseren Bemühungen, die allgegenwärtige Fischsoße zu vermeiden, ziemlich früh gelernt haben.

Von links nach rechts: Bambushütte; Fischerboote, Pak Bara; Hütten auf Stelzen, Koh Lipe; Kinder auf einer Seilschaukel, Koh Rawi; lehnender Buddha, Wat Po, Bangkok; Buddha-Statuen, Wat Pho, Bangkok; Sonnenuntergang im Nationalpark Tarutao.

PAD THAI JAY
GEBRATENE NUDELN NACH THAI-ART

Geht man nach meinem Sohn, gibt es das beste Pad Thai in Bangkok in der Soi Rambuttri. Mein Rezept ist in Anlehnung an dieses Lieblingsgericht entstanden. Ich verwende keinen Knoblauch, denn ich finde, dass er die perfekte Balance zwischen den süßen und salzigen sowie den scharfen und sauren Aromen stört. Das Zusammenspiel der verschiedenen Aromen ist maßgeblich für ein gutes Pad Thai. Meine beste Freundin Natalie gab mir den entscheidenden Tipp zur geheimen Zutat: etwas Essiglake von eingelegten Radieschen.

120 g breite Reisnudeln
2 EL vegane Fischsoße (S. 13), vegetarische Worcestershiresoße oder mehr Sojasoße
5–6 EL Sojasoße
¼ TL Salz
3–4 EL feiner brauner Zucker
3 EL Tamarindenmus oder 1 EL Tamarindenkonzentrat
2 EL Essiglake von Pickles (S. 141) oder Reisessig
50 g ungesalzene Erdnüsse
1 EL Erdnuss- oder Pflanzenöl
200 g fester Tofu, abgegossen, grob zerbröckelt
6 Zuckerschoten, in feinen Streifen
2 Schalotten, geschält, in feinen Ringen
50 g Sojasprossen
1 Handvoll Koriandergrün, grob gehackt
2 große rote Chilischoten, fein gehackt
1 Limette, in Spalten

FÜR 2 PORTIONEN

Nudeln in einen Topf geben, mit heißem Wasser aufgießen und ca. 30 Min. ziehen lassen, bis sie gar sind, aber noch Biss haben. Abgießen und beiseitestellen.

Fisch- und Sojasoße, Salz, Zucker, Tamarindenmus und Essiglake vermischen. 2 EL Wasser zufügen und verrühren, bis sich der Zucker vollständig aufgelöst hat. Nach Belieben mit Zucker, Tamarindenmus, Reisessig oder Sojasoße abschmecken.

Die Erdnüsse bei mittlerer Hitze in einer Pfanne ohne Fett unter gelegentlichem Rühren in 1–2 Min. goldbraun rösten. Grob hacken und beiseitestellen.

Den Wok oder eine große Pfanne stark erhitzen. Öl zufügen und den Tofu in 8–10 Min. goldbraun braten. Zuckerschoten und Schalotten untermischen und unter ständigem Rühren weitere 30 Sek. braten.

Die Nudeln mit ¾ der Soße in den Wok geben und bei starker Hitze 1 Min. köcheln lassen. Die Hälfte der Sojasprossen unterheben und die übrige Soße zugeben. Die Nudeln sollten feucht und klebrig sein. In eine große Schüssel füllen, mit den übrigen Sojasprossen, Koriandergrün, Erdnüssen und Chilis bestreuen und mit einem Spritzer Limettensaft servieren.

PAD KA PRAO
TULSI MIT AUBERGINE

Ein wirklich klassisches und einfaches Thai-Gericht ist pfannengerührtes Tulsi. Spart nicht am Basilikum und verwendet die richtige Sorte, denn europäisches Basilikum schmeckt anders. Die beste Version dieses Gerichts habe ich auf dem Nachtmarkt in Phitsanulok gegessen.

1 EL Erdnuss- oder Pflanzenöl

1 Aubergine, längs halbiert, in 5 mm dicken Scheiben

4 Knoblauchzehen, geschält, zerdrückt

4 Frühlingszwiebeln, in Ringen

2 große rote Chilischoten, in feinen Ringen

3–4 EL helle Sojasoße

2 EL dunkle süße Sojasoße

2 EL vegetarische Austernsoße

25 Blätter Tulsi (Indisches Basilikum)

FÜR 2 PORTIONEN

Das Öl in einer großen Pfanne erhitzen und die Aubergine bei mittlerer Temperatur rundherum goldbraun braten. Knoblauch, Frühlingszwiebeln und Chilis zufügen und unter Rühren weitere 2 Min. braten. Soja- und Austernsoße zufügen und weitere 2 Min. braten. Vom Herd nehmen und abschmecken. Das Basilikum unterheben. Mit gedämpftem Reis und je 1 EL Nam Prik Pao servieren.

NAM PRIK PAO
THAILÄNDISCHE CHILI-KONFITÜRE

Diese süße, feurig-scharfe Paste aus gebratenen Chilischoten ist in ganz Thailand sehr beliebt und ein wichtiger Bestandteil vieler klassischer Gerichte und Sandwiches.

FÜR DIE KONFITÜRE

60 g Knoblauchzehen, geschält, in feinen Scheiben

120 g rote Schalotten, geschält, in feinen Ringen

60 g getrocknete rote Chilischoten, 30 Min. in heißem Wasser eingeweicht, abgegossen, gehackt

6 EL Tamarindenmus oder 2 TL Tamarindenkonzentrat

200 g feiner brauner Zucker

4 EL vegane Fischsoße (S. 13), Tamari-Sojasoße oder vegetarische Worcestershiresoße

AUSSERDEM

Pflanzenöl zum Frittieren

ERGIBT 750 ML

Zum Frittieren in einem hohen Topf reichlich Öl auf 170 °C erhitzen. (Die Temperatur stimmt, wenn an einem hineingehaltenen Holzstäbchen kleine Bläschen aufsteigen.) Den Knoblauch hineingeben und goldbraun frittieren. Mit einem Schaumlöffel aus dem Öl heben und auf Küchenpapier abtropfen lassen. Schalotten und Chilischoten ebenfalls frittieren. Tamarindenkonzentrat in 100 ml Wasser auflösen.

Chilis, Knoblauch und Schalotten im Mörser fein zerstoßen. Die Paste in einen kleinen Topf geben, mit 60 ml Öl aufgießen und bei mittlerer Temperatur ca. 2 Min erhitzen. Übrige Zutaten zufügen und bei geringer Hitze unter gelegentlichem Rühren ca. 20 Min. köcheln lassen, bis eine dickflüssige Soße entstanden ist. In einem sterilisierten, luftdicht verschlossenen Glas im Kühlschrank aufbewahrt, ist die Chili-Konfitüre bis zu 1 Monat haltbar.

TOFUSPIESSE VOM GRILL

Auf unseren Reisen hatten wir viele Zwischenaufenthalte in Bangkok, schlenderten durch die Straßen und über Märkte, besichtigten Tempel, genossen das Essen und nahmen an Festen teil. Die Stadt ist wunderbar lebhaft, vielseitig und bunt.

Einer meiner liebsten Feiertage in Thailand ist der Geburtstag des Königs am 5. Dezember. Abends, wenn in den Straßen gefeiert wird, bekommt man köstliches Essen in den Garküchen am Straßenrand. Ein Snack auf dem sogenannten „Markt der Diebe" ist mir besonders in Erinnerung geblieben: ein gegrillter Tofuspieß, pikant und klebrig, serviert mit einem mit Klebreis gefüllten Bananenblatt, mit dem man das nussige, süßsaure Dressing wunderbar aufsaugen konnte.

6 große rote Chilischoten, fein gehackt, oder 6 getrocknete rote Chilischoten, 30 Min. in heißem Wasser eingeweicht, abgegossen, fein gehackt, oder 2 EL Nam Prik Pao (S. 101)

6 Knoblauchzehen, geschält, fein gehackt, oder 1 EL Knoblauchpaste

1 Stück Ingwer (2,5 cm), geschält, fein gehackt, oder 1 EL Ingwerpaste

½ TL frisch gemahlener weißer Pfeffer

2 EL trockener Sherry oder Shaoxing-Reiswein

2 EL vegane Fischsoße (S. 13)

2 EL dunkle Sojasoße

4 EL Agavendicksaft

1 EL feiner brauner Zucker

½ Bd. Koriandergrün, fein gehackt

Meersalz

AUSSERDEM

36 Tofu-Puffs (frittierte Tofuwürfel)

12 Bambusspieße, in kaltem Wasser eingeweicht

Pflanzenöl zum Einfetten

FÜR 4 – 6 PORTIONEN

Alle Zutaten in einer großen Schüssel zu einer Marinade vermengen, bis der Zucker sich vollständig aufgelöst hat. Mit Meersalz abschmecken.

Die Tofu-Puffs in der Marinade wälzen, sodass sie gleichmäßig bedeckt sind. Mind. 1 Std. ziehen lassen, am besten aber über Nacht.

Den Holzkohle- oder Backofengrill vorheizen. Je 3 marinierte Tofu-Puffs auf einen Bambusspieß stecken. Die Spieße auf den gefetteten Rost legen und in 10–12 Min. goldbraun und knusprig grillen, dabei gelegentlich wenden. Pro Person 2–3 Spieße mit einer Portion Erdnuss-Gurken-Dip (S. 116) und etwas Nam Prik Pao (S. 101) servieren. Klebreis und Krautsalat mit Mango & Limette (S. 68) passen ebenfalls sehr gut dazu.

Von links nach rechts: Pikante Haferwurzel-
Sticks; Nam Prik Pao; Kanom Jeen Nahm Prik
Tofu; frische Brunnenkresse, Gurke und Chili.

KANOM JEEN NAHM PRIK TOFU
REISNUDELN MIT RÄUCHERTOFU-CHILI-PASTE

Mit diesem Gericht habe ich 2012 den zweiten Platz bei den Bristish Street Food Awards belegt.

Das Rezept besteht aus mehreren Komponenten, und ich empfehle euch, die Chili-Konfitüre (Nam Prik Pao, S. 101) mind. 10 Tage im Voraus zuzubereiten. Dann erscheint das Rezept gleich weniger aufwendig. Außerdem schmeckt die Chili-Konfitüre auch zu vielen anderen thailändischen Rezepten hervorragend, und es ist gut, immer welche auf Vorrat zu haben. Alternativ könnt ihr die Chili-Konfitüre durch 5 rote Chilischoten ersetzen, die gebraten und dann unter die Paste gemischt werden. Auch die vegane Fischsoße (S. 13) sollte im Voraus zubereitet werden. Die Schärfe der vielen Vogelaugen-Chilischoten wird durch das Frittieren abgemildert, und es bleibt ein intensives rauchiges Chili-Aroma zurück.

FÜR DIE RÄUCHERPASTE
2 EL Mungobohnen, 1 Std. in kaltem Wasser eingeweicht, abgegossen
4 Knoblauchzehen, ungeschält
4 rote Schalotten oder 2 kleine rote Zwiebeln, ungeschält
1 Stück (7,5 cm) Galgant oder Ingwer, geschält, in 2,5 cm großen Stücken
1 Handvoll Koriandergrün, grob gehackt
1 Prise Meersalz
½–1 EL vegane Fischsoße (S. 13) oder dunkle Sojasoße
3–4 EL Nam Prik Pao (S. 101)

FÜR DEN TOFU
100 ml Kokossahne
1 TL Tamarindenkonzentrat, aufgelöst in 100 ml heißem Wasser
2 EL feiner brauner Zucker
3 EL vegane Fischsoße (S. 13), alternativ helle oder Tamari-Sojasoße
6 Kaffirlimettenblätter
600 g fester Räuchertofu, grob zerbröckelt
Saft von 4 Limetten

AUSSERDEM
2 Bambusspieße, in kaltem Wasser eingeweicht
Pflanzenöl zum Frittieren
4 Knoblauchzehen, in feinen Scheiben
1 Schalotte, in feinen Streifen
10 getrocknete oder frische Vogelaugen-Chilischoten
400 g dünne Reisnudeln
1 kleine Handvoll Tulsi (Indisches Basilikum) nach Belieben

FÜR 4 PORTIONEN

Für die Räucherpaste die Mungobohnen in einer großen Pfanne ohne Fett goldbraun rösten, dann in der Küchenmaschine pürieren oder im Mörser fein zerstoßen.

Den Holzkohle- oder Backofengrill vorheizen. Knoblauchzehen und Schalotten auf die Bambusspieße stecken und auf den Rost geben, bis die Schalen schwarze Stellen haben. Herunternehmen, abkühlen lassen und häuten. Mit den Mungobohnen, Galgant, Koriandergrün und Meersalz in der Küchenmaschine mixen oder im Mörser zerstoßen. Nur so viel Fischsoße zufügen, dass eine glatte Paste entsteht. Nam Prik Pao untermischen und beiseitestellen.

Kokossahne und Räucherpaste in einen Topf geben, aufkochen und bei geringer Hitze köcheln lassen. Aufgelöstes Tamarindenkonzentrat, Zucker, Fischsoße und Kaffirlimettenblätter untermischen. Tofu zufügen und 10–15 Min. köcheln lassen.

Zum Frittieren in einem hohen Topf reichlich Öl auf 170 °C erhitzen. (Die Temperatur stimmt, wenn an einem hineingehaltenen Holzstäbchen kleine Bläschen aufsteigen.) Knoblauch, Schalotte und Chilischoten portionsweise im heißen Öl knusprig frittieren. Mit dem Schaumlöffel herausheben und auf Küchenpapier abtropfen lassen.

Die Reisnudeln in kochendem Wasser garen, abtropfen lassen und beiseitestellen. Den Tofu mit Limettensaft abschmecken. Reisnudeln auf 4 Schüsseln verteilen und je 1 Portion Nahm Prik darauf verteilen. Nach Belieben frittierten Knoblauch und frittierte Schalotte, Chilischoten und Tulsi darüberstreuen und mit Haferwurzel-Sticks (s. rechts) oder einem Salat aus Brunnenkresse, Gurke und Chilischoten servieren.

PIKANTE HAFER-WURZEL-STICKS

Für diese Sticks könnt ihr jede beliebige Gemüsesorte verwenden. Haferwurzel (auch als Austernpflanze bekannt) wird meiner Meinung nach unterschätzt und verdient mehr Aufmerksamkeit. Die Sticks sind mit Dip serviert ein einfacher, köstlicher Snack.

2½ EL Reismehl
180 ml Kokosmilch (Dose)
Abrieb und Saft von 1 Bio-Limette
1 TL Salz

Pflanzenöl zum Frittieren
je 3 große rote und grüne Chilischoten, längs halbiert

FÜR 2 – 4 PORTIONEN

FÜR DIE STICKS
2 Haferwurzeln, geschält
1 TL Limettensaft
2 EL Maisstärke

Für den Teig alle Zutaten in einer Schüssel glatt rühren. Die Masse sollte zähflüssig sein, nach Bedarf mehr Mehl oder Kokosmilch untermischen. Mit Salz abschmecken.

Die Haferwurzeln mit dem Sparschäler längs in feine Streifen schneiden und sofort in eine Schüssel mit kaltem Wasser und einem Schuss Limettensaft geben. Die Stärke auf einem flachen Teller verteilen.

Zum Frittieren in einem hohen Topf reichlich Öl auf 170 °C erhitzen. (Die Temperatur stimmt, wenn an einem hineingehaltenen Holzstäbchen kleine Bläschen aufsteigen.) Haferwurzel- und Chilihälften in der Maisstärke wenden, in den Teig tunken, portionsweise behutsam in das heiße Öl geben und unter gelegentlichem Wenden rundherum goldbraun frittieren. Mit dem Schaumlöffel herausheben, auf Küchenpapier abtropfen lassen und heiß servieren.

KHAO SOI
NUDELSUPPE NACH CHIANG-MAI-ART

FÜR DIE ROTE CURRYPASTE

1 EL Koriandersamen

1 TL Kreuzkümmelsamen

1 TL schwarze
   Pfefferkörner

4 Knoblauchzehen,
   geschält

3 Korianderwurzeln oder
   ½ Bd. Koriandergrün,
   Stängel fein gehackt

10–12 getrocknete
   rote Chilischoten,
   fein gehackt

2 Stangen Zitronengras,
   fein gehackt

3 Kaffirlimettenblätter

1 Stück (7,5 cm) Galgant
   oder Ingwer, geschält,
   fein gehackt

2 EL vegane Fischsoße
   (S. 13)

Pflanzenöl

FÜR DIE KHAO-SOI-PASTE

1 TL Koriandersamen

1 TL schwarze
   Kardamomsamen

4 EL Ingwerpaste

1 EL gemahlene Kurkuma

1 TL mittelscharfes
   Currypulver

FÜR DIE BRÜHE

400 ml Kokosmilch
   (Dose)

500 ml Gemüsebrühe

200 g grüne Jackfrucht
   (Dose) nach Belieben,
   abgespült, abgetropft,
   in kleinen Stücken oder
   gebackener fester Tofu
   oder Tofu-Puffs

100 g Blumenkohl,
   in Röschen

2 Möhren, geschält,
   in Scheiben

150 g Zuckerschoten

1 Süßkartoffel, geschält,
   in 2 cm großen Stücken

1 EL feiner brauner
   Zucker

1 EL helle Sojasoße

1 EL dunkle Sojasoße

Meersalz

AUSSERDEM

400 g schmale asiatische
   Weizennudeln

Pflanzenöl zum Frittieren

8 kleine rote Chilischoten

1 kleine rote Zwiebel,
   geschält, in feinen
   Spalten

1 Handvoll Koriander-
   grün, grob gehackt

1 Limette, in Spalten

FÜR 4–6 PORTIONEN

Für die Currypaste Koriander- und Kreuzkümmelsamen in einer Pfanne ohne Fett unter Rühren ca. 30 Sek. rösten. Mit den Pfefferkörnern im Mörser fein zerstoßen. Übrige Zutaten – bis auf das Öl – in der Küchenmaschine zerkleinern, die Pfeffermischung zugeben und unter Rühren Öl zugießen, bis eine glatte Paste entstanden ist. Luftdicht verschlossen im Kühlschrank aufbewahrt, ist die Paste bis zu 1 Monat haltbar.

Für die Khao-Soi-Paste die Koriander- und Kardamomsamen in einer Pfanne ohne Fett unter Rühren 30 Sek. rösten. In der Gewürzmühle mahlen oder im Mörser fein zerstoßen. 4 EL der Currypaste mit den gemahlenen Gewürzen und den übrigen Zutaten vermischen.

Für die Brühe die Khao-Soi-Paste, Kokosmilch, Gemüsebrühe und 500 ml Wasser in einem großen Topf aufkochen. Die Jackfrucht, falls verwendet, zufügen und bei geringer Hitze 15 Min. köcheln lassen. Das übrige Gemüse, ggf. den Tofu, Zucker und Sojasoße zufügen und weitere 10 Min. köcheln lassen. Mit Salz oder Fischsoße abschmecken.

300 g der Nudeln laut Packungsanweisung zubereiten, abgießen und beiseitestellen. Zum Frittieren in einem hohen Topf reichlich Öl auf 170 °C erhitzen. (Die Temperatur stimmt, wenn an einem hineingehaltenen Holzstäbchen kleine Bläschen aufsteigen.) Die übrigen Nudeln frittieren, bis sie aufpuffen. Mit einem Schaumlöffel aus dem Öl heben und auf Küchenpapier abtropfen lassen.

Den Backofen auf 200 °C vorheizen. Die Chilischoten auf einem Backblech verteilen und 10–12 Min. backen, bis sie schwarz werden. Beiseitestellen und abkühlen lassen.

Die gekochten Nudeln auf Schüsseln verteilen und mit Brühe aufgießen. Frittierte Nudeln, Zwiebel, 1 kleinen EL Nam Prik Pao (S. 101) und Koriandergrün darübergeben. Mit Limettenspalten und den gebackenen Chilischoten servieren.

In Chiang Mai, ehemalige Provinzhauptstadt im Norden Thailands, gibt es hervorragendes Essen, das von den unterschiedlichen kulturellen Einflüssen und der Nähe zur alten Seidenstraße erzählt. Auf unserer Reise entlang der Grenze zu Burma durch Mae Sot und Mae Hong Son verschlug es auch uns in diese moderne, geschäftige Stadt. Eigentlich hatten wir geplant, mit einem Boot auf dem Mekong weiter nach Laos zu reisen, Horrorgeschichten von Leuten, die 16 Stunden auf Plastikstühlen sitzend auf dem beinahe ausgetrockneten Fluss ausharren mussten, hielten uns jedoch davon ab. Also kauften wir Flugtickets nach Luang Prabang und verbrachten bis zum Flug noch einige schöne Tage in Chiang Mai.

GLASNUDELN MIT CASHEWKERNEN & CHILISCHOTEN

Dieses Rezept basiert auf dem allerersten Gericht, das ich in Thailand gegessen habe. Lee und ich reisten mit dem Nachtzug von Bangkok nach Butterworth und freuten uns wahnsinnig darüber, dass unser Abteil in der zweiten Klasse so geräumig und sauber war. Dann entdeckte Lee einen Plastikbeutel mit unangenehm riechendem Inhalt. Keine Frage, dass es sich um Abfall handeln musste und wir den Beutel im Mülleimer auf dem Bahnsteig entsorgten. Kurze Zeit später kam ein älteres thailändisches Ehepaar in das Abteil und nach einigem heftigen Gestikulieren wurde klar, dass wir auf ihren Plätzen saßen. Außerdem fragte die Dame immer wieder: „Where see baa?" Sie suchte nach dem Plastikbeutel. Wie sich herausstellte, war darin ihr Abendessen – das Lee glücklicherweise unbeschädigt wieder aus dem Mülleimer fischen und den Eigentümern peinlich berührt überreichen konnte. Als der Zug den Bahnhof verließ und wir hungrig wurden, bemerkten wir, dass die Speisekarte des Bordrestaurants komplett auf Thai verfasst war. Letztendlich aßen wir Glasnudeln mit vielen winzigen und unheimlich scharfen Chilischoten. Dieses Rezept ist weniger scharf und kann warm oder kalt als Salat genossen werden.

150 g Glasnudeln
100 g Cashewkerne
1 EL Pflanzenöl
2 EL feiner brauner Zucker
1 EL Sojasoße
2 EL vegane Fischsoße (S. 13)
6–12 getrocknete Vogelaugen-Chilischoten, 30 Min. in heißem Wasser eingeweicht, abgegossen
8 Frühlingszwiebeln, in feinen Ringen
2 Tomaten, gehackt
Meersalz
frisch gemahlener weißer Pfeffer
2 Limetten, halbiert
1 kleine Handvoll Koriandergrün, Blättchen abgezupft

FÜR 2 – 4 PORTIONEN

Die Nudeln in Stücke brechen, in einem Topf mit kochendem Wasser aufgießen und 4–5 Min. sprudelnd kochen lassen. Abgießen, sofort in eiskaltes Wasser tauchen, abtropfen und beiseitestellen.

Die Cashewkerne in einer Pfanne ohne Fett unter gelegentlichem Rühren in 1–2 Min. goldbraun rösten. Umfüllen und beiseitestellen.

Öl, Zucker, Soja- und Fischsoße sowie Chilis in eine Pfanne geben und bei starker Hitze 2 Min. köcheln lassen, dann die Nudeln unterheben. Die Hälfte der Cashewkerne, Frühlingszwiebeln und Tomaten zufügen und weitere 2 Min. köcheln lassen. Mit Meersalz und Pfeffer abschmecken. Übrige Cashewkerne, einen Spritzer Limettensaft und Koriandergrün darübergeben und sofort servieren.

GAENG KEOW WAN
TRADITIONELLES GRÜNES THAI-CURRY

Es gibt unzählige Rezepte für grünes Thai-Curry. Dieses ist meiner Meinung nach recht authentisch und simpel in der Zubereitung. Außerdem schmeckt es eigentlich allen – am Familientisch und auf Festivals.

FÜR DIE GRÜNE CURRYPASTE
2 TL Koriandersamen
2 TL Kreuzkümmelsamen
2 TL frisch gemahlener
   schwarzer Pfeffer
8 grüne Jalapeños,
   grob gehackt
8 grüne Vogelaugen-
   Chilischoten, grob
   gehackt
2 kleine rote Zwiebeln,
   geschält, fein gehackt
6 Knoblauchzehen,
   geschält, fein gehackt
1 Stück (5 cm) Galgant
   oder Ingwer, geschält,
   fein gehackt
4 Stangen Zitronengras,
   gehackt
8 Kaffirlimettenblätter
½ Bd. Koriandergrün
1 Bd. Thai-Basilikum

FÜR DAS CURRY

½ Butternusskürbis,
   geschält, Kerne
   entfernt, in 1–2 cm
   großen Würfeln
1 Aubergine, in 1–2 cm
   großen Würfeln
Salz
2 Möhren, geschält,
   in feinen Scheiben
100 g grüne Bohnen,
   geputzt
120 g Blumenkohl,
   in Röschen
400 ml Kokosmilch
   (Dose)
2 EL helle Sojasoße
1 l Gemüsebrühe

AUSSERDEM
Pflanzenöl zum Einfetten

FÜR 4–5 PORTIONEN

Für die grüne Currypaste Koriander- und Kreuzkümmelsamen in einer Pfanne ohne Fett unter Rühren rösten. Pfeffer zufügen. Die Gewürze mit den übrigen Zutaten in der Küchenmaschine oder mit dem Stabmixer glatt pürieren.

Den Backofen auf 220 °C vorheizen. Für das Curry Kürbis und Aubergine auf 2 gefetteten Backblechen verteilen und salzen. 15–20 Min. backen, bis das Gemüse weich und an den Rändern goldbraun ist.

4–5 EL der Currypaste in einer großen Pfanne 5 Min. anbraten. Das vorbereitete und das gebackene Gemüse, Kokosmilch, ½ TL Salz, Sojasoße und Brühe zufügen, aufkochen und bei geringer Hitze 7–8 Min. köcheln lassen. Mit Salz abschmecken. Mit gedämpftem Jasminreis servieren.

SÜSSER TOFU MIT CHILI & CASHEWKERNEN

Thailändische Orangen sind süßer und weniger sauer als ihr europäisches Pendant. Und der frisch gepresste Saft, der an allen Straßenecken feilgeboten wird, ist einfach unvergleichlich gut.

Eine Version dieser Speise, Hähnchen mit Thai-Orangen, haben wir erstmals in dem kleinen Café *Cha Chai* auf Koh Phayam gegessen. Mein Rezept ist einfach und schnell zuzubereiten, also perfekt für ein Abendessen unter der Woche geeignet. Auf jeden Fall solltet ihr hochwertige Bitterorangenmarmelade verwenden.

60 g Cashewkerne
(ganz oder Bruch)
8–16 getrocknete rote
Chilischoten, 30 Min.
in heißem Wasser
eingeweicht,
abgegossen
2 EL Pflanzenöl
400 g fester Tofu, in
1–2 cm großen Würfeln
2 große Knoblauchzehen,
geschält, fein gehackt
1 Stück (4 cm) Ingwer,
fein gehackt, oder
1 EL Ingwerpaste
2–3 EL Bitterorangen-
marmelade
2 EL helle Sojasoße

FÜR 4 PORTIONEN

Die Cashewkerne in einer Pfanne ohne Fett in 4–5 Min. rundherum goldbraun rösten. Beiseitestellen.

Die Chilischoten in Stücke reißen. Die Samen können jetzt leicht entfernt werden. Nur wenige Samen in den Schoten lassen, damit das Gericht pikant, aber nicht zu scharf wird.

1 EL Öl in der Pfanne erhitzen und den Tofu bei mittlerer Hitze rundherum goldbraun und knusprig anbraten. Aus der Pfanne nehmen und beiseitestellen. (Alternativ den Backofen auf 190 °C vorheizen und den Tofu auf einem gefetteten Backblech 10–15 Min. backen – so wird er etwas knuspriger.)

Das übrige Öl in der Pfanne erhitzen, Knoblauch und Ingwer 5–7 Min. goldbraun rösten. Tofu, Cashewkerne, Chilis, Marmelade, Sojasoße und 4 EL Wasser zufügen, aufkochen und bei geringer Hitze 2–3 Min. köcheln lassen. Nach Belieben zusätzliches Wasser zugeben. Sofort mit gedämpftem Reis servieren.

MAIS FRITTERS

Diese köstlichen kleinen Puffer sind eine perfekte Vorspeise. Wenn ihr grüne Currypaste im Kühlschrank habt, sind sie außerdem superschnell zubereitet. In meinem Street-Food-Menü serviere ich sie mit Erdnuss-Gurken-Dip (rechts).

FÜR DIE BRATLINGE
350 g Maiskörner (Dose oder TK)
4 Frühlingszwiebeln, in feinen Ringen
2–3 EL grüne Currypaste (S. 112)
2 EL Mehl (Type 405)
2 EL Reismehl
2 EL vegane Fischsoße (S. 13), alternativ helle oder Tamari-Sojasoße
1–2 TL Salz

AUSSERDEM
Pflanzenöl zum Frittieren

ERGIBT 16–20 STÜCK

Die Hälfte der Maiskörner und Frühlingszwiebeln mit Currypaste, Mehl und Fischsoße in der Küchenmaschine mixen, bis der Mais grob zerkleinert und gut mit den anderen Zutaten vermischt ist. Übrigen Mais und Frühlingszwiebeln unterheben. Mit Salz abschmecken.

Den Backofen auf 110 °C vorheizen und ein Backblech darin aufwärmen. Zum Frittieren in einem hohen Topf reichlich Öl auf 170 °C erhitzen. (Die Temperatur stimmt, wenn an einem hineingehaltenen Holzstäbchen kleine Bläschen aufsteigen.) Von der Masse mit zwei Esslöffeln kleine Portionen abstechen, in das heiße Öl geben und in 5–8 Min. goldbraun frittieren. Mit dem Schaumlöffel herausheben, auf Küchenpapier abtropfen lassen und im Backofen warm halten, während die übrigen Portionen frittiert werden. Heiß servieren.

ERDNUSS-GURKEN-DIP

Zu thailändischem Street Food werden unterschiedlichste Soßen serviert. Zu Spießen und frittierten Snacks gibt es häufig süß-scharfe Beigaben. Diesen schnell gemachten und leckeren Dip reiche ich gerne zu Bratlingen oder Tofuspießen vom Grill (S. 102).

2–3 TL feiner brauner Zucker
1 TL helle Sojasoße
3 EL Limettensaft
2 EL Reisessig
1 EL Erdnüsse
1 rote Schalotte oder ½ kleine rote Zwiebel, geschält, fein gehackt
1 grüne Chilischote, fein gehackt

1 rote Chilischote, fein gehackt
1 Prise Salz
¼ Gurke, geschält, längs halbiert, Kerne entfernt, in dünnen Scheiben

FÜR 4 PORTIONEN

Den Zucker in einer Schüssel mit Sojasoße, Limettensaft und Essig verrühren, bis er sich aufgelöst hat. Erdnüsse in einer kleinen Pfanne ohne Fett unter gelegentlichem Rühren in 4–5 Min. hellbraun rösten. Abkühlen lassen. Im Mörser grob zerstoßen und mit Schalotte und Chilischoten unter die Soße rühren. Mit Salz würzen, über die Gurken gießen und gut untermischen.

SOM-TAM-SOMMERROLLEN
REISPAPIER-ROLLEN MIT PAPAYA-FÜLLUNG

Diese feinen Rollen sind vor allem an heißen Sommertagen ein Genuss. Passt die Menge der Chilischoten je nach Belieben an – nicht dass es euch zu scharf wird. Ich persönlich mag die Sommerrollen gern sehr pikant, denn die Schärfe steht in tollem Kontrast zu den süßen und salzigen Noten.

FÜR DIE FÜLLUNG
150 g ungesalzene Erdnüsse
2–8 rote Vogelaugen-Chilischoten, in feinen Ringen
6 Knoblauchzehen, geschält
1 grüne Papaya, geschält, Kerne entfernt, geraspelt
1 kleine Möhre, geschält, geraspelt
1 große Handvoll grüne Bohnen, geputzt, in 2,5 cm großen Stücken, blanchiert
10 Kirschtomaten, geviertelt
3 EL vegane Fischsoße (S. 13), alternativ vegetarische Worcestershiresoße oder helle Sojasoße
3 EL helle Sojasoße
Saft von 2 Limetten
3 EL feiner brauner Zucker

AUSSERDEM
12 Blatt vietnamesisches Reispapier
1 Handvoll Koriandergrün oder Basilikum, Blättchen abgezupft, oder essbare Blüten

FÜR 4 PORTIONEN

Den Backofen auf 200 °C vorheizen.

Für die Füllung die Erdnüsse auf einem Backblech verteilen und in 8–10 Min. goldbraun rösten. Herausnehmen und beiseitestellen.

Chilis und Knoblauch im Mörser zu einer Paste verarbeiten, beiseitestellen. Papaya, Möhre und grüne Bohnen behutsam im Mörser zerstoßen. Tomaten zufügen und alles vermengen. Fisch- und Sojasoße, Limettensaft und Zucker unterrühren. Die Chili-Knoblauch-Paste untermischen.

Eine Schüssel mit heißem Wasser bereitstellen. Die Reispapierblätter einzeln 2–3 Min. im heißen Wasser einweichen (Packungsanweisungen beachten). Ein eingeweichtes Blatt auf ein sauberes Geschirrtuch legen und mit Küchenpapier behutsam trocken tupfen. Das Reispapier anschließend auf ein Brett legen und ca. 1/12 des Papaya-Salats in die Mitte geben, sodass rundherum ein 3 cm breiter Rand frei bleibt. Die kurzen Seiten über die Füllung falten und das Reispapier längs aufrollen. Alle übrigen Rollen genauso zubereiten. Schräg halbieren und pro Person 6 Hälften servieren. Nach Belieben mit Kräutern oder essbaren Blüten garnieren.

GLASNUDELSUPPE

Auf Thailands Straßen gibt es etliche Garküchen, die Glasnudelsuppen anbieten, und so gehört die heiße Köstlichkeit für Reisende zu einem der beliebtesten Gerichte. Für die traditionelle Glasnudelsuppe mit Gemüse werden Glasnudeln aus Mungobohnenstärke verwendet, feine Reisnudeln sind eine gute Alternative. Noch sättigender wird die Suppe, wenn man mit Ingwer gebackenen Tofu (S. 198) dazu serviert.

375 g Glasnudeln
1 EL geröstetes Sesamöl
1 EL Pflanzenöl
8 Knoblauchzehen, geschält, zerdrückt
1 Stück (4 cm) Galgant oder Ingwer, geschält, fein gehackt
2 l Gemüsebrühe
1 Stange Zitronengras
2 EL vegane Fischsoße (S. 13) oder (Tamari-) Sojasoße

3 EL helle oder Tamari-Sojasoße
1 TL feiner brauner Zucker
100 g Weißkohl, geraspelt
100 g Wirsing, geraspelt
1 Möhre, geschält, geraspelt
120 g Sojasprossen
4 Frühlingszwiebeln, in feinen Ringen
Saft von 1 Limette
2 rote Chilischoten, in feinen Ringen

FÜR 3–4 PORTIONEN

Die Glasnudeln in eine große Schüssel geben, mit kochendem Wasser aufgießen und 4–5 Min. ziehen lassen, bis die Nudeln gar sind. Abgießen, abtropfen lassen und beiseitestellen.

Beide Sorten Öl in einem großen Topf erhitzen. Knoblauch und Galgant bei mittlerer Temperatur in 3–4 Min. goldbraun anbraten. Brühe zugießen und aufkochen. Zitronengras mit dem Nudelholz weich klopfen, damit sich die Aromen besser entfalten können, mit Fisch- und Sojasoße sowie Zucker in die Brühe geben. Bei geringer Hitze weitere 5 Min. köcheln lassen.

Kohl, Wirsing, Möhre, Sojasprossen, ¾ der Frühlingszwiebeln und Glasnudeln zufügen, aufkochen und sofort vom Herd nehmen. Das Zitronengras entfernen und den Limettensaft zufügen. Auf 3–4 Suppenschüsseln verteilen und mit übrigen Frühlingszwiebeln und Chilis garnieren.

FRITTIERTE FRÜCHTE MIT KARAMELLSOSSE

Frittiertes Obst ist in Südostasien ein beliebter Snack. Eine Variation dieser Speise habe ich im Sommer 2013 in meinem Street-Food-Menü angeboten, und sie hat den Rhabarber-Samosas (S. 72) echte Konkurrenz gemacht. Wer keine Karamellsoße zubereiten möchte, kann einfach etwas Zuckerrüben- oder Ahornsirup über das frittierte Obst träufeln.

FÜR DIE SOSSE
1 EL Glukosesirup oder
    1 Prise Weinstein-
    backpulver
200 g Zucker
300 ml Kokosmilch
    (Dose)
2–3 TL Orangenblüten-
    wasser

FÜR DEN AUSBACKTEIG
125 g Reismehl
4 EL Tapiokastärke
2 EL Zucker
½ TL Salz
50 g Kokosflocken

AUSSERDEM
Pflanzenöl zum Frittieren
1 kleine Ananas, geputzt,
    in Ringen
6 Bananen, geschält,
    längs halbiert

FÜR 4–6 PORTIONEN

Für die Soße Glukosesirup, Zucker und 60 ml Wasser in einen Topf mit schwerem Boden geben. Umrühren und bei mittlerer Hitze zum Kochen bringen. Nicht mehr rühren, sondern nur noch behutsam den Topf schwenken. Sobald ein klarer Sirup entstanden ist, die Temperatur erhöhen und den Sirup 10–15 Min. köcheln lassen, bis hellbrauner Karamell entstanden ist. Vom Herd nehmen und die Kokosmilch vorsichtig unterrühren. Das Orangenblütenwasser zugeben. Die Karamellsoße ist, luftdicht verschlossen im Kühlschrank aufbewahrt, bis zu 1 Monat haltbar.

Für den Ausbackteig alle Zutaten in einer großen Schüssel vermengen. 300 ml Wasser unterrühren, sodass ein dickflüssiger Teig entsteht. Den Backofen auf 110 °C vorheizen und ein Backblech darin aufwärmen. In einem hohen Topf reichlich Öl auf 170 °C erhitzen. (Die Temperatur stimmt, wenn an einem hineingehaltenen Holzstäbchen kleine Bläschen aufsteigen.) Das Obst portionsweise zunächst in den Teig tunken, sodass die einzelnen Stücke vollständig überzogen sind, dann behutsam in das heiße Öl geben und goldbraun frittieren. Mit dem Schaumlöffel herausheben und auf Küchenpapier abtropfen lassen. Im Backofen warm halten, während die übrigen Portionen frittiert werden. Heiß und mit Karamellsoße beträufelt servieren.

KHAO NEOW MA MUANG
KOKOS-KLEBREIS MIT MANGO

Tuk-Tuk (eine Auto- oder Motorradriksha mit drei Rädern) zu fahren bedeutet für mich, mein Leben jemandem anzuvertrauen, der an seine Wiedergeburt glaubt. Anfangs fand ich das ziemlich alarmierend, doch später ließ meine Angst etwas nach. Einmal, wir rasten gerade im Zickzack über eine Hauptstraße, entschloss sich unser Fahrer, eine Abkürzung zu nehmen. Wir rumpelten durch eine Seitenstraße und trafen auf einen Straßenverkäufer, der Klebreis mit Mango anbot. Köstlich! Ich bin mir sicher, dass jeder, der dieses Gericht schon gegessen hat, weiß, wann und wo er es zum ersten Mal probiert hat. Ich war tief beeindruckt, wie aus der Kombination so einfacher Zutaten etwas so Himmlisches entstehen kann.

Für dieses Gericht sind die leicht spitz zulaufenden asiatischen Mangos mit goldgelber Schale besser geeignet als die eher runden, orange-roten Mangos von den Westindischen Inseln. Die Mangosaison beginnt etwa im April, das ist also die beste Zeit, um besonders aromatische Exemplare zu ergattern. Bananen sind eine gute Alternative, wenn es keine Mangos zu kaufen gibt oder sie zu teuer sind.

FÜR DEN KLEBREIS
- 100 g thailändischer Klebreis, mind. 1 Std. in kaltem Wasser eingeweicht, abgegossen
- 400 ml Kokosmilch (Dose)
- 1½ TL Zucker
- ¼ TL Salz

FÜR DIE SOSSE
- 1 große Prise Salz
- 1½ TL Zucker
- ½ TL Maisstärke

AUSSERDEM
- 1 reife gelbe Mango, geschält, halbiert, Kern entfernt, in 12 Spalten
- 1–2 Prisen schwarze Sesamsamen
- 1 kleine Handvoll frische Minze, Blättchen abgezupft

FÜR 2 PORTIONEN

Den Reis wie auf S. 13 beschrieben garen. Die Dose mit der Kokosmilch nicht schütteln, sondern den besonders cremigen Teil, der sich abgesetzt hat, in eine kleine Schüssel geben und beiseitestellen.

Den flüssigen Teil in einem Topf auf mittlerer Stufe erhitzen. Zucker und Salz darin auflösen und unter den Reis rühren. Mit einem Küchentuch abgedeckt bei Zimmertemperatur ziehen lassen.

Für die Soße die abgeschöpfte Kokoscreme in einem kleinen Topf mit Salz und Zucker würzen und bei geringer Hitze erwärmen, bis die Creme geschmolzen ist. Stärke mit 2 EL kaltem Wasser glatt rühren, zur Kokoscreme geben und unter ständigem Rühren erhitzen, bis die Mischung leicht angedickt ist. Nach Belieben mit etwas Salz und Zucker abschmecken.

Reis auf 2 tiefe Teller verteilen, jeweils 6 Mango-Spalten darauf anrichten und mit Soße beträufeln. Mit Sesam und Minze garnieren.

Laos

Die Einwohner von Laos gehören zu den glücklichsten Menschen, die ich je getroffen habe. Vielleicht liegt das daran, dass sie so viele Jahre vom Rest der Welt (und vom Tourismus) abgeschottet waren. Wir haben Laos als wunderschönen und friedlichen Ort kennengelernt. Das Land ist alles andere als wohlhabend, doch da der Boden sehr fruchtbar ist, können die Menschen sich auf ihren winzigen Landstücken selbst versorgen.

In Laos haben wir einige der besten Nudelsuppen überhaupt gegessen – offensichtlich von der Küche Nordost-Thailands beeinflusst und mit einer Menge Chilischoten und mir bisher unbekanntem Gemüse zubereitet. Natürlich sind auch französische Einflüsse zu erkennen, genau wie in Kambodscha und Vietnam. Ich kann also nicht genau sagen, ob die folgenden Gerichte nun ausschließlich laotisch oder vietnamesisch inspiriert sind. Es handelt sich einfach um das, was wir während unserer Reise gegessen haben und das ich zurück zu Hause unbedingt nachkochen wollte.

Wir wollten von Laos aus nach Vietnam reisen, doch so kurz vor der Regenzeit war es brütend heiß im Land, und nachdem wir das Wasserfest *Pii Mai* genossen hatten, beschlossen wir, umzukehren und wieder gen Süden zu reisen.

MUANG NGOI, NORDLAOS Auf unserer mehrwöchigen Reise durch Nordlaos übernach-
teten wir häufig in kleinen Dörfern, und unsere Kinder gewannen dort viele einheimische
Freunde. Sie wurden häufig zum Abendessen oder sogar zu Zeremonien des Dorfes einge-
laden. Roisin und ihre neue Freundin Marika waren bald unzertrennlich. In dieser bergigen
Region im Norden hatten sie vermutlich die glücklichste Zeit unserer Reise.

Ursprünglich hatte ich geplant, dieses Kapitel mit dem Rezept für Mekong-Waffeln von
Marikas Mutter zu beginnen. Malychanh bereitete wunderbar knusprige, herzhafte dunkel-
grüne Waffeln aus Algen aus dem Mekong zu. Ich hatte keine Ahnung, wie sie genau hie-
ßen, konnte mir aber vorstellen, dass die Zubereitung recht kompliziert sein würde. Zu
Hause entdeckte ich in dem Buch *Aunt Egg Soup – Tales of a Food Tourist in Laos* eine
Zeichnung von Kai Pen, die genauso aussahen, wie Malychanhs Algen-Waffeln. Bis heute
ist es mir nicht gelungen, Kai Pen selbst zuzubereiten, aber wenn es euch jemals nach
Laos verschlägt, solltet ihr sie auf jeden Fall probieren.

Von links nach rechts: Dorfkinder, Nordlaos; Mönche in
Luang Prabang; Fluss Nam Ou, Laos; laotische Fischer;
Bergkette zwischen Vang Vieng und Luang Prabang;
einheimisches Mädchen in Nordlaos; Tempel Nagas, Wat
Tham Phou Si, Luang Prabang.

LAOTISCHE KÜRBISSUPPE

Süßes Gemüse und scharfe Chilischoten verleihen dieser Suppe ein wunderbar rundes Aroma. Der Kürbis kann nach Belieben durch Süßkartoffeln oder Pastinaken ersetzt werden. Dazu serviere ich gerne dicke Scheiben Krustenbrot.

2 EL Pflanzenöl
1 kleiner Hokkaido- oder Butternusskürbis, geschält (der Hokkaido muss nicht geschält werden), Kerne entfernt, gewürfelt
2–4 Chilischoten
1 l Gemüsebrühe
800 ml Kokosmilch (Dose)
2 TL Salz
2–3 EL Mandelsahne oder andere vegane Sahne

FÜR 4–6 PORTIONEN

Den Backofen auf 220 °C vorheizen.

Das Öl auf ein Backblech träufeln, den Kürbis darauf verteilen und darin schwenken, bis er gleichmäßig bedeckt ist. In 20–30 Min. goldbraun backen. In den letzten 8–10 Min. die Chilis zugeben und mitgaren. Brühe und Ofengemüse in einen großen Topf geben und aufkochen. Hitze reduzieren und die Kokosmilch zugießen. Erneut aufkochen und bei geringer Temperatur 10 Min. köcheln lassen. Mit dem Stabmixer glatt pürieren. Mit Salz abschmecken. Die Suppe in 4–6 Schüsseln füllen und mit je 1 Schuss Mandelsahne servieren.

ZITRONENGRASSUPPE MIT WAN TANS

Wan Tans sind nicht nur eine sättigende Suppeneinlage, sondern auch eine schöne Abwechslung zu Reisnudeln. Zitronengras ist in Laos sehr beliebt (vermutlich, weil es überall wächst) und wird häufig zum Würzen von Ceviche, gebackenem Süßwasserfisch oder Suppen verwendet. Wan Tans haben in der Regel eine Fleischfüllung. Ich verwende stattdessen festen Tofu und getrocknete Pilze. Den Wan-Tan-Teig kaufe ich im asiatischen Lebensmittelgeschäft, achte dabei aber immer auf die Zutatenliste, denn einige Sorten enthalten Eier.

FÜR DIE FÜLLUNG
1 TL Sesamöl
1 kleine rote Zwiebel,
 geschält, fein gehackt
1 Stück (5 cm) Galgant
 oder Ingwer, geschält,
 fein gehackt
80 g getrocknete
 Chinesische Morcheln
 oder Shiitakepilze,
 15 Min. in heißem
 Wasser eingeweicht,
 abgegossen, aus-
 gedrückt, fein gehackt
140 g fester Tofu,
 grob zerbröckelt
100 g Wasserkastanien
 (Dose), gehackt
½–1 EL dunkle Sojasoße
Salz

FÜR DIE BRÜHE
3 Stangen Zitronengras,
 fein gehackt
1 EL Pflanzenöl
1 l Gemüsebrühe
3 EL Limettensaft
1 EL vegane Fischsoße
 (S. 13) oder 1 EL helle
 Sojasoße und 1 Prise
 getrocknetes
 Algenpulver

3 Kaffirlimettenblätter
½ rote Chilischote,
 in feinen Ringen
½ grüne Chilischote,
 in feinen Ringen
1 TL feiner brauner
 Zucker

AUSSERDEM
12 Blatt Wan-Tan-Teig
 (ohne Ei)
Mehl für die Arbeitsfläche
1 Handvoll Koriander-
 grün, gehackt
1 Handvoll Tulsi
 (Indisches Basilikum)
 oder frische Minze
 und Basilikum,
 Blättchen abgezupft
1 Limette, in Spalten
Pflanzenöl zum Frittieren
 nach Belieben

FÜR 3–4 PORTIONEN

Für die Teigtaschen-Füllung das Öl in einer kleinen Pfanne erhitzen und die Zwiebel bei mittlerer Temperatur 5 Min. glasig dünsten. Galgant und Pilze zufügen und ca. 10 Min. braten, bis die austretende Flüssigkeit verdampft ist. Tofu, Wasserkastanien und Sojasoße untermischen und mit Salz abschmecken. Beiseitestellen und abkühlen lassen.

Für die Brühe das Zitronengras im Mörser grob zerstoßen. Öl in einer hohen Pfanne oder im Wok erhitzen und das Zitronengras bei mittlerer Hitze unter ständigem Rühren 5 Min. anbraten. Die übrigen Zutaten für die Brühe zufügen, aufkochen und bei geringer Hitze 10 Min. köcheln lassen.

Ein Wan-Tan-Teigblatt auf die leicht bemehlte Arbeitsfläche legen und 1 TL der Pilzfüllung in die Mitte geben. Den Rand dünn mit Wasser einstreichen und jeweils die gegenüberliegenden Ecken über der Füllung zusammendrücken und leicht verdrehen. Auf diese Weise 12 Teigtaschen herstellen.

Die Teigtaschen behutsam in die siedende Brühe geben. Sobald sie an die Oberfläche steigen (nach ca. 5 Min.), den Topf vom Herd nehmen. Pro Portion 3–4 Wan Tans in eine Schüssel geben, mit heißer Brühe aufgießen, mit Kräutern garnieren und einem Spritzer Limettensaft servieren. (Alternativ können die Wan Tans goldbraun frittiert zur Suppe serviert werden.)

Von links nach rechts: Gemüse-Laap;
Auberginen-Jeow.

GEMÜSE-LAAP MIT KLEBREIS
WARMER LAOTISCHER GEMÜSESALAT

Laos ist voller Hühner. Sie sind einfach überall: im Bus (auf dem Schoß), unter dem Tisch, auf dem Balkon um 4 Uhr morgens und auf den Speisekarten der Restaurants und Garküchen. In einem Dorf wurden Gerichte mit Hühnerfleisch *Suzi* genannt. Ob damit ein bestimmtes Huhn gemeint war, haben wir nie herausgefunden. Laoten essen diesen Salat gerne roh (Laap Dip) mit Hähnchen- oder Schweinehack. Für uns war es häufig eine Herausforderung, gutes vegetarisches Essen zu finden, also aßen wir jede Menge Nudelsuppen und Bananen-Pfannkuchen. Als wir nach Hause kamen, wollte ich unbedingt eine vegane Laap-Version kreieren.

FÜR DEN SALAT
380 g Klebreis, mind. 1 Std. in kaltem Wasser eingeweicht, abgegossen
½ TL Salz
1 EL Pflanzenöl
120 g Austernpilze, grob gehackt
120 g braune Honshimeji-Pilze oder braune Champignons, grob gehackt
1 rote Paprika, in 1 cm großen Stücken
4 Knoblauchzehen, geschält, gehackt
2 TL (Tamari-)Sojasoße
2–3 TL Maisstärke
1 kleiner Kopfsalat, geputzt, in einzelnen Blättern
1 kleine rote Zwiebel, geschält, in feinen Ringen

1 kleine Handvoll Thai-Basilikum, frische Minze und Koriander-grün, Blättchen abgezupft
1 kleine rote Chilischote, in feinen Ringen

FÜR DAS DRESSING
1–2 TL feiner brauner Zucker
EL vegane Fischsoße (S. 13), alternativ helle oder Tamari-Sojasoße
1 EL Sojasoße
2 kleine rote Chilischoten, fein gehackt
Saft von 2 Limetten

FÜR 2–3 PORTIONEN

Den eingeweichten Reis mit 840 ml Wasser und Salz aufkochen und bei geringer Hitze und leicht geöffnetem Deckel 10 Min. köcheln lassen. Vom Herd nehmen, den Topf verschließen und den Reis 10 Min. ziehen lassen. Mit der Gabel auflockern, um zu prüfen, ob der Reis gleichmäßig gegart ist.

Das Öl in einer Pfanne erhitzen. Pilze, Paprika, Knoblauch, Sojasoße und Stärke vermengen. Sofort in die heiße Pfanne geben und bei starker Hitze in 8–10 Min. goldbraun braten.

Die Zutaten für das Dressing verrühren, bis sich der Zucker aufgelöst hat.

Gebratenes Gemüse in einzelne Salatblätter füllen, Dressing darüberträufeln. Mit Zwiebel, Kräutern und Chili garnieren und sofort mit Klebreis servieren.

AUBERGINEN-JEOW
PIKANTER AUBERGINEN-DIP

Jeow ist ein Dip aus gebackenen Chilischoten, der zu anderen Speisen serviert und häufig als Grundlage für einen Auberginen- oder Tomaten-Dip verwendet wird. Für die Zubereitung eignet sich ein Mörser, alternativ tut es aber auch eine Gabel. Nur der Stabmixer sollte hier nicht zum Einsatz kommen. Püriert, erhält der Dip eine andere Konsistenz und verliert an Aroma.

FÜR DEN DIP

2 mittlere oder 4 lange, dünne Auberginen
8 große Knoblauchzehen, ungeschält
6–10 kleine rote Chilischoten
2 Schalotten, ungeschält
Saft von 1 Limette
1–2 EL vegane Fischsoße (S. 13) oder helle Sojasoße
Salz
1 Handvoll Koriandergrün, grob gehackt

AUSSERDEM

380 g Klebreis, mind. 1 Std. in kaltem Wasser eingeweicht, abgegossen
½ TL Salz
4–6 Bambusspieße
1 kleine Handvoll frische Minze, Blättchen abgezupft

FÜR 3–4 PORTIONEN

Den Reis mit 840 ml Wasser und Salz aufkochen und bei geringer Hitze und leicht geöffnetem Deckel 10 Min. köcheln lassen. Vom Herd nehmen, den Topf verschließen und den Reis weitere 10 Min. ziehen lassen. Mit der Gabel auf-lockern, um zu prüfen, ob der Reis gleichmäßig gegart ist.

Den Backofen auf 220 °C vorheizen.

Für den Dip die Auberginen auf einem Backblech verteilen und ca. 30 Min. backen, bis ihre Haut schwarz wird. Aus dem Ofen nehmen und abkühlen lassen.

Knoblauchzehen, Chilis und Schalotten auf die Bambusspieße stecken, auf ein Backblech legen und backen, bis die Haut schwarze Stellen hat. Knoblauch und Chilischoten rösten schneller, sie müssen aus dem Ofen genommen wer-den, bevor sie anbrennen.

Das Gemüse abkühlen lassen und schälen. Bei den Chilis nur die Stielansät-ze entfernen. 2 Schoten beiseitelegen, die übrigen mit Auberginen, Knoblauch und Schalotten im Mörser zu einem stückigen Brei zerstoßen. Limettensaft und Fischoße untermischen und mit Salz abschmecken. Koriandergrün unterheben und das Jeow in einer großen Schüssel servieren, garniert mit gebackenen Chi-lis und Minze. Den Klebreis in einer separaten Schüssel dazu reichen oder zu kleinen Bällchen formen, die in das Jeow gedippt werden können.

SIAM-SUPPE
GEMÜSESUPPE MIT REISNUDELN

Reisnudelsuppe wird in allen südostasiatischen Ländern, vor allem aber in Thailand und Laos, viel gegessen. Die beste Suppe bekommt man in den Garküchen am Straßenrand. Ich habe viele Stunden damit verbracht, auf einem kleinen Plastikstuhl sitzend Suppe zu schlürfen und die Welt vorbeiziehen zu lassen. Dieses Rezept basiert auf einer Suppe, die es am Flussufer des Mekong im hübschen Luang Prabang gab. Hier verweilten wir oft in unserem Lieblingscafé, die Kinder brachten ihre Reisetagebücher auf den neuesten Stand, und Lee und ich gönnten uns ein laotisches Bier.

300 g Reisbandnudeln (½–1 cm breit)
400 g fester Tofu, abgespült, abgetropft, in 1–2 cm großen Würfeln
2 EL Pflanzenöl
6 Knoblauchzehen, geschält, in feinen Scheiben
1 Stück (7,5 cm) Ingwer, geschält, fein gewürfelt
2 kleine Möhren, geschält, in Scheiben
1 kleine Zucchini, in Scheiben
½ kleiner Kopf Blumenkohl, in Röschen
120 g grüne Bohnen, geputzt, in 2,5 cm großen Stücken
1 l Gemüsebrühe
2–3 Stangen Zitronengras
6 Kaffirlimettenblätter
800 ml Kokosmilch (Dose)
6 EL helle oder Tamari-Sojasoße

4 EL vegane Fischsoße (S. 13) oder vegetarische Worcestershiresoße
Salz
8 vegane „Jakobsmuscheln" oder „Garnelen" nach Belieben
2 große rote Chilischoten, in Ringen

AUSSERDEM
Pflanzenöl zum Einfetten
150 g Sojasprossen
1 kleine Handvoll Koriandergrün, Blättchen abgezupft
2 große rote Chilischoten oder eingelegte Chilischoten, in feinen Ringen
1 Limette, halbiert

FÜR 4 – 6 PORTIONEN

Den Backofen auf 190 °C vorheizen.

Die Reisnudeln in einem großen Topf mit heißem Wasser aufgießen und 5–10 Min. ziehen lassen, bis sie bissfest sind. Abgießen und abtropfen lassen.

Den Tofu auf einem gefetteten Backblech verteilen und in 10–15 Min. rundherum goldbraun backen.

Das Öl in einem Topf erhitzen. Knoblauch und Ingwer bei mittlerer Hitze in 3–4 Min. goldbraun rösten. Möhren, Zucchini, Blumenkohl und Bohnen zufügen und weitere 2–3 Min. braten, dann die Brühe und 1 l kochendes Wasser zugießen. Das Zitronengras weich klopfen, mit Kaffirlimettenblättern, Kokosmilch, Soja- und Fischsoße zugießen und aufkochen. Tofu, „Jakobsmuscheln" und Chilis unterrühren. Reisnudeln und Gemüse sollten vollständig von Brühe bedeckt sein, bei Bedarf also zusätzliches Wasser zufügen. Aufkochen, vom Herd nehmen und das Zitronengras entfernen.

Pro Portion 1 große Handvoll Nudeln in eine Schüssel füllen und mit Suppe aufgießen. Sojasprossen, Koriandergrün und Chilischoten darübergeben und mit einem Spritzer Limettensaft servieren.

ROYAL LAOS TOM YUM
SUPPE MIT TOFU & REISBÄLLCHEN

Dieses Rezept habe ich entwickelt, als ich in einem Buch über die laotische Küche las, dass traditionell eine Handvoll Reis in die Royal-Laos-Suppe gegeben wird. Meine Version serviere ich mit Klebreisbällchen. In Laos und im Osten Thailands dippt man die wunderbar klebrigen Kugeln in Curry oder Brühe. Der Klebreis wird hier in Bambuskörben oder -rohren gegart. Diese sind bei uns im asiatischen Supermarkt erhältlich. Wenn ich für viele Gäste koche, dann bereite ich den Reis allerdings auf dem Herd zu.

FÜR DIE SUPPE
6 Stangen Zitronengras, in feinen Scheiben
1 Stück (5 cm) Galgant oder Ingwer, geschält, fein gehackt
6 Kaffirlimettenblätter
250 g fester Tofu, abgespült, ausgedrückt, in 2 cm großen Würfeln
½ TL chinesisches Fünf-Gewürze-Pulver
Salz
1 Bd. Koriandergrün, Blättchen abgezupft, Stängel fein gehackt
100 ml Tamarindenmus oder 1 TL Tamarindenkonzentrat
2–4 Vogelaugen-Chilischoten oder 2 große rote Chilischoten, in feinen Ringen
2 EL vegane Fischsoße (S. 13) oder 1 EL helle Sojasoße und 1 Prise Algenflocken
80 g feiner brauner Zucker
2 EL Sojasoße

16 Kirschtomaten, halbiert
8 vegane „Garnelen" oder „Jakobsmuscheln" nach Belieben
Saft von 2 Limetten

FÜR DIE REISBÄLLCHEN
400 g Klebreis, mind. 1 Std. in kaltem Wasser eingeweicht, abgegossen
1 TL Salz

AUSSERDEM
Pflanzenöl zum Einfetten
1 Handvoll Tulsi (Indisches Basilikum), Blättchen abgezupft
1 Limetten, in Spalten

FÜR 4 PORTIONEN

Den Reis wie auf S. 13 beschrieben zubereiten.

Den Backofen auf 180 °C vorheizen. Zitronengras, Galgant und Kaffirlimettenblätter im Mörser zerstoßen und beiseitestellen.

Den Tofu in einer Schüssel mit dem Fünf-Gewürze-Pulver und 1 Prise Salz vermengen, auf einem gefetteten Backblech verteilen und in 15–20 Min. goldbraun backen. Aus dem Ofen nehmen und beiseitestellen.

In einem großen Topf 1 l Wasser aufkochen. Korianderstängel, Zitronengras-Mischung, Tamarindenmus und Chilis zugeben. Erneut aufkochen und bei geringer Hitze 5–6 Min. köcheln lassen. Fischsoße, Zucker, Sojasoße, Tomaten, „Garnelen", gebackenen Tofu und Limettensaft zugeben.

Erneut aufkochen, dann vom Herd nehmen. Aus dem Klebreis kleine Bällchen formen und auf einer Servierplatte anrichten. Die Suppe auf 4 Schüsseln verteilen, mit Koriandergrün und Tulsi garnieren und mit Reisbällchen und Limettenspalten servieren.

BANH MI BUDDHA
VIETNAMESISCH GEFÜLLTES BAGUETTE

Ein original Banh Mi konnten wir auf unserer Reise nie probieren, da es traditionell mit Schweinefleisch angeboten wird. Wieder zu Hause, entwickelte ich für mein Street-Food-Menü diese vegetarische Version. Sowohl bei Veganern und Vegetariern als auch bei Fleischessern kam das Sandwich super an. Da man die einzelnen Bestandteile prima im Kühlschrank lagern kann, macht es Sinn, gleich mehr von allem zuzubereiten. So kann man sich jederzeit ein köstliches Banh Mi machen.

FÜR DAS EINGELEGTE GEMÜSE
250 g Zucker
1 l Reisessig
½ TL schwarze Pfefferkörner
½ TL Szechuan-Pfefferkörner
1 Gurke, längs halbiert, Kerne entfernt
1 Daikon-Rettich, geschält
2 Möhren, geschält

FÜR DIE PILZCREME
80 g Walnusskerne
10 große Champignons
2 EL Kokosöl
1 Bd. glatte Petersilie
Salz
frisch gemahlener weißer Pfeffer

FÜR DAS SAMBAL
500 g rote Chilischoten
1 Knoblauchknolle, einzelne Zehen getrennt
60 ml Pflanzenöl
2 EL feiner brauner Zucker
2 EL helle oder Tamari-Sojasoße
1 EL trockener Sherry oder Shaoxing-Reiswein
2 EL Ahornsirup
1 TL Salz

FÜR DEN TOFU
1 gehäufter EL koreanische rote Chilipaste (Gochujang)
2 TL geröstetes Sesamöl
2 EL helle Sojasoße
400 g fester Tofu, abgespült, abgetropft, in 4 cm breiten, dünnen Scheiben

AUSSERDEM
Pflanzenöl zum Einfetten
1 großes französisches Baguette oder 4 Baguettebrötchen
1 Handvoll gemischte Blattsalate
1 Handvoll Koriander-grün, Blättchen abgezupft
Thai-Basilikumöl

FÜR 4 PORTIONEN

Den Backofen auf 180 °C vorheizen.

Für das eingelegte Gemüse 240 ml Wasser in einem Topf erhitzen und Zucker, Essig und Pfeffer zufügen. Umrühren und aufkochen. Mit Zucker abschmecken – Süße und Säure sollten in angenehmer Balance stehen.

Gurke, Rettich und Möhren mit dem Sparschäler in feine Streifen schneiden. Die Gemüsestreifen in die heiße Flüssigkeit geben, den Topf vom Herd nehmen und abkühlen lassen. In ein sterilisiertes Einmachglas füllen und gut verschließen. Das eingelegte Gemüse ist bis zu 1 Jahr haltbar.

Für die Pilzcreme die Walnusskerne auf einem gefetteten Backblech verteilen und 10–12 Min. rösten. Aus dem Ofen nehmen, beiseitestellen und die Ofentemperatur auf 120 °C reduzieren. Pilze in eine Auflaufform geben und 30–40 Min. backen. Die dabei freigesetzte Flüssigkeit immer wieder abgießen, damit die Pilze möglichst trocken backen. Pilze, Walnusskerne, Kokosöl und Petersilie in der Küchenmaschine oder mit dem Stabmixer glatt pürieren. Mit Salz und Pfeffer würzen. Die Ofentemperatur auf 220 °C erhöhen.

Für das Sambal die Chilis und Knoblauchzehen auf je einem gefetteten Backblech verteilen. Die Chilis 10–15 Min. backen, bis die Haut leicht schwarz ist, die Knoblauchzehen 8–10 Min. backen, bis sie goldbraun sind. Die Ofentemperatur auf 180 °C reduzieren.

Die Knoblauchzehen schälen und mit den Chilis und den übrigen Zutaten für das Sambal glatt pürieren. Mit Zucker und Salz abschmecken.

Für den Tofu alle Zutaten (bis auf den Tofu selbst) in einer Auflaufform zu einer Marinade vermischen. Den Tofu darin wenden, sodass er gleichmäßig mariniert ist. Auf einem gefetteten Backblech verteilen und 30 Min. backen, bis der Tofu schön knusprig ist. Den Ofen ausschalten und den Tofu warm halten.

Das Baguette vierteln und die Viertel horizontal einschneiden, sodass sie aufgeklappt werden können. Einen Teil der Krume aus der Mitte entfernen. Je eine Hälfte dünn mit Sambal und eine Hälfte großzügig mit Pilzcreme bestreichen. Die Baguettes nach Belieben mit gemischtem Blattsalat und 3–4 Scheiben Tofu füllen. 1 kleine Handvoll eingelegtes Gemüses auf dem Tofu verteilen. Nach Belieben Koriandergrün darübergeben und mit etwas Basilikumöl beträufeln. Die Baguettehälften gut zusammendrücken.

LOTUS-SALAT

Die Wurzel der im Wasser wachsenden Lotuspflanze wird in Vietnam gerne zu Salat verarbeitet. Auch in indischen Köfte oder thailändischen Bratlingen schmeckt sie lecker, da sie beim Garen einen angenehmen Biss behält. Es lohnt sich, für dieses Gericht vietnamesischen Koriander (Rau ram) zu verwenden, der eine feine Zitrusnote hat.

In Vietnam und Laos wird Lotus-Salat häufig in blanchierte junge Kohlblätter, Blattsalat oder Reispapier gewickelt.

200 g frische Lotuswurzel, in feinen Scheiben
2 EL Pflanzenöl
1 Schalotte, geschält, in feinen Ringen
Saft von 2 Limetten
1 EL süße indonesische Sojasoße (Ketjap Manis)
½ TL Zucker
1 EL Reisessig
½ TL Sesamöl
¼ TL Salz
1 große Handvoll Tulsi (Indisches Basilikum) oder frische Minze und europäisches Basilikum, Blättchen fein gehackt
1 Möhre, in streichholzdünnen Streifen
½ Daikon-Rettich, geschält, in streichholzdünnen Streifen

2–3 Tofu-Puffs, in streichholzdünnen Streifen
2 Frühlingszwiebeln, in feinen Ringen
1 große rote Chilischote, in feinen Ringen
1 EL geröstete Erdnüsse nach Belieben, grob gehackt
1 Handvoll vietnamesische Minze oder Koriandergrün, Blättchen abgezupft

FÜR 2 – 3 PORTIONEN

Die Lotuswurzel 8–10 Min. in kochendem Wasser blanchieren, abgießen, mit kaltem Wasser abschrecken und abtropfen lassen.

Das Öl in einer Pfanne erhitzen und die Schalotte bei mittlerer Temperatur ca. 10 Min. andünsten. Auf Küchenpapier abtropfen lassen.

Limettensaft, Sojasoße, Zucker, Essig, Sesamöl und Salz verrühren, bis sich der Zucker aufgelöst hat. Mit Salz und Zucker abschmecken. Blanchierte Lotuswurzel, Basilikum, Möhre, Rettich, Tofu, Frühlingszwiebeln und Chili zufügen und behutsam mit den Händen vermengen. Den Salat auf 2–3 Schüsseln verteilen, Schalotte und geröstete Erdnüsse darüberstreuen und mit Minze oder Koriandergrün garnieren.

GEFÜLLTE BETEL-BLÄTTER MIT REISPAPIER & ZWEIERLEI DIP

Junge Betel-Blätter mit unterschiedlichsten Füllungen schmecken einfach nur köstlich. Die Blätter sind im gut sortierten Asia-Supermarkt erhältlich. In diesem Rezept werden sie mit Pilzen gefüllt und mit pikanten Dips serviert. Das Reispapier vor dem Frittieren am besten über Nacht trocknen lassen, dann geht es besonders gut auf.

FÜR DAS FRITTIERTE REISPAPIER
18 Blatt Reispapier
Pflanzenöl zum Frittieren

FÜR DEN INGWER-LIMETTEN-DIP
1 Thai-Chilischote, fein gehackt
2 EL feiner brauner Zucker
1 Knoblauchzehe, geschält, zerdrückt, fein gehackt
3 EL vegane Fischsoße (S. 13)
Saft von 3 Limetten
2 Kaffirlimettenblätter, in feinen Streifen
1 Stück (8 cm) Ingwer, geschält, fein gehackt

FÜR DEN FRÜHLINGSZWIEBEL-DIP
2 Frühlingszwiebeln, in feinen Ringen
240 ml Pflanzenöl

FÜR DIE GEFÜLLTEN BLÄTTER
3 Stangen Zitronengras, weiße Teile fein gehackt
1 kleine rote Zwiebel oder Schalotte, geschält, geviertelt
2 Knoblauchzehen, geschält
2 EL Pflanzenöl
250 g Austernpilze, Portobello-Pilze oder Wiesenchampignons, grob gehackt
3 EL vegane Fischsoße (S. 13)
1 TL Zucker
1 EL Garam Masala
½ TL frisch gemahlener schwarzer Pfeffer
¼ TL Salz
16 Betel- oder Rote-Bete-Blätter

AUSSERDEM
4 Bambusspieße
1 Handvoll frische Minze, Basilikum und Koriandergrün, Blättchen abgezupft
1 Handvoll geröstete Erdnüsse, gehackt

FÜR 2 – 4 PORTIONEN

Die Reispapier-Blätter einzeln in lauwarmem Wasser einweichen. Je 6 Stück übereinanderlegen und vorsichtig flach drücken. Mit einem scharfen Messer in Quadrate (4 cm) schneiden und die Ränder andrücken. Beiseitelegen und mind. 3–4 Std. oder über Nacht trocknen lassen.

Zum Frittieren in einem hohen Topf reichlich Öl auf 170 °C erhitzen. (Die Temperatur stimmt, wenn an einem hineingehaltenen Holzstäbchen kleine Bläschen aufsteigen.) Die Reispapier-Quadrate ins heiße Öl geben und frittieren, bis sie sich aufblähen und knusprig sind. Mit dem Schaumlöffel herausheben und auf Küchenpapier abtropfen lassen.

Alle Zutaten für den Ingwer-Limetten-Dip vermischen und 40 Min. ziehen lassen.

Für den Frühlingszwiebel-Dip die Frühlingszwiebeln in einer heißen Pfanne ohne Fett bei mittlerer Hitze 10–15 Sek. rösten, mit dem Öl vermengen und beiseitestellen.

Zitronengras, Zwiebel und Knoblauch im Mörser grob zerstoßen. Öl in einer Pfanne erhitzen und die Mischung bei mittlerer Temperatur in 5–6 Min. glasig dünsten. Pilze, Fischsoße, Zucker, Garam Masala, Pfeffer und Salz untermischen und 3–4 Min. braten. Beiseitestellen und abkühlen lassen.

Ein Betel-Blatt mit den Adern nach oben auf die Arbeitsfläche legen und 1 EL Füllung in die Mitte geben. Die kurzen Seiten über die Füllung falten, das Blatt längs aufrollen und auf einen Bambusspieß stecken. Die übrigen Blätter genauso zubereiten. Auf 1 Spieß 4 gefüllte Betel-Blätter stecken. Auf Tellern anrichten, mit Kräutern und Erdnüssen garnieren und noch warm mit Dips und frittiertem Reispapier servieren.

NAM ROM KHO TO
PILZE IM TONTOPF

Das Garen im Tontopf ist vor allem aus der chinesischen Küche bekannt. Dieses Rezept basiert dennoch auf einem vietnamesischen Gericht, das mit sogenannten Strohpilzen zubereitet wird. Da diese Pilze frisch hier nicht erhältlich sind, verwende ich stattdessen Austernpilze und braune Champignons und gebe Strohpilze aus der Dose dazu, da ich ihren ungewöhnlichen Geschmack und ihre besondere Textur mag.

½ EL Pflanzenöl

2 Knoblauchzehen, geschält, zerdrückt, fein gehackt

120 g Strohpilze (Dose), abgespült, abgetropft

120 g braune Champignons, geviertelt

120 g Austernpilze, in Stücken

4 EL (Tamari-)Sojasoße

2 EL feiner brauner Zucker oder Agavendicksaft

½ TL Salz

1 TL frisch gemahlener schwarzer Pfeffer

AUSSERDEM

1–2 Frühlingszwiebeln, in feinen Ringen

1 Handvoll Radieschen, in feinen Scheiben

FÜR 2 – 3 PORTIONEN

Das Öl in einem hitzebeständigen Tontopf oder einem Kochtopf erhitzen und den Knoblauch bei mittlerer Temperatur 3 Min. andünsten. Pilze zufügen und unter Rühren 1 Min. mitgaren. Sojasoße, Zucker und 2–3 EL Wasser zufügen und mit Salz und Pfeffer würzen. Abgedeckt bei geringer Temperatur 10 Min. dünsten. Abschmecken. Einen einfachen Salat aus Frühlingszwiebeln und Radieschen und gedämpften Reis dazu servieren.

INGWER-ZITRONEN-GRAS-EISTEE

Diesen Eistee bereitete Marikas Vater für uns zu, wenn es so heiß war, dass man nicht einmal den kleinen Finger rühren mochte.

FÜR DEN EISTEE

2–4 TL Zucker oder Agavendicksaft

1 Stange Zitronengras, weich geklopft

1 Stück (5 cm) Ingwer, geschält, in feinen Scheiben

3–4 TL loser oder 5 Beutel grüner Tee

AUSSERDEM

4–6 große Handvoll Eiswürfel

1–2 Limetten, in Spalten

FÜR 4 – 6 PORTIONEN

Einen Topf mit ca. 1 l kochendem Wasser füllen, Zucker, Zitronengras und Ingwer zufügen und bei geringer Hitze 10 Min. köcheln lassen. Topf vom Herd nehmen, den Tee zufügen und 4–5 Min. ziehen lassen. Durch ein feinmaschiges Sieb in eine Kanne füllen und abkühlen lassen. 2–3 Std. im Kühlschrank kalt stellen. Eiswürfel in hohe Gläser füllen und mit Eistee aufgießen. Mit Limettenspalten und Strohhalmen servieren.

MALAYSIA
& INDONESIEN

Malaysia

GEORGETOWN, PENANG Malaysisches Essen ist sowohl von chinesischen und indischen als auch thailändischen Einflüssen geprägt – genau wie das Land selbst. Trotzdem gibt es einzigartige malaysische Gerichte und das beste Street Food der Welt. In der Kolonialhauptstadt Georgetown auf der Insel Penang gibt es fantastische Street-Food-Märkte und Cafés. Penang liegt vor der nordwestlichen Spitze der Halbinsel Malaysia, wo die Andamanensee in die Straße von Malakka übergeht. Lee und ich besuchten die Insel erstmals 1994, als wir über Land nach Sumatra unterwegs waren, und verliebten uns sofort in diesen Ort. Wir waren damals in einem einfachen Hostel untergekommen und aßen innerhalb von zwei Tagen Gerichte aus allen Ecken Asiens: gedämpfte Teigtaschen, Bananenblatt-Thali, knusprige Dosas, frittiertes oder am Spieß gegrilltes Gemüse und Reisnudelsuppen.

Mit der Familie verbrachten wir einen Monat in Malaysia, reisten herum und entdeckten, dass Fischköpfe sehr beliebt waren, Vegetarisches dafür weniger. Wir machten einige hervorragende kulinarische Erfahrungen in Städten wie Ipoh, Malakka und

Kuala Lumpur oder in Touristengebieten wie den Cameron Highlands. Die Ostküste mit seinem tiefblauen Meer und den faszinierenden Meeresbewohnern kann definitiv mit der Küste Thailands mithalten. Die wunderschöne Landschaft war ein Ausgleich dafür, dass wir uns an einigen Tagen hauptsächlich von Roti Canai, Eiern und jeder Menge Cracker mit Erdnussbutter ernährten, da die meisten malaysischen Gerichte weder vegan noch vegetarisch waren. Nach unserer Heimkehr beschäftigte ich mich näher mit der malaysischen Küche und probierte, traditionelle Gerichte so anzupassen, dass wir alle sie essen konnten.

Von links nach rechts: Street-Food-Markt, Penang; Fahrrad-Rikscha vor dem Kuan Yin Teng Tempel, Georgetown; riesige Räucherstäbchen, Kuan Yin Teng Tempel; chinesische Laternen, Penang; das Weltkulturerbe-Gebäude in Georgetown, Penang; Sonnenuntergang am Coral Beach, Perhentian Kecil; Abendessen aus dem Feuertopf, Tanah Rata, Cameron Highlands.

ROTI CANAI
GEMÜSE-DAL MIT KNUSPRIGEM FLADENBROT

Dieses vegane Gericht gibt es in Malaysia an fast jeder Straßenecke und wird sowohl zum Frühstück als auch als Snack zwischendurch gegessen. Die Zutaten für das Dal variieren je nach Region. Mal wird es mit Kichererbsen, Kokosmilch und viel saisonalem Gemüse zubereitet und ist sehr reichhaltig, mal ist es leichter und erinnert in seiner Konsistenz an das tamilische Sambar Dal (S. 63). Mindestens genauso wichtig für dieses Gericht wie das Dal selbst ist das köstliche blättrige Fladenbrot. Gefroren ist es in gut sortierten Asia-Supermärkten erhältlich, es lohnt sich aber, das Brot auch einmal selbst zu backen. Tatsächlich ist die Herstellung zwar nicht ganz unkompliziert – auch ich habe schon einige unansehnliche Exemplare produziert – aber einen Versuch ist es trotzdem Wert! Beginnt mit dem einfachen Parotta-Rezept aus Sri Lanka (S. 82).

FÜR DAS DAL

200 g gelbe halbierte Kichererbsen (Chana Dal)

1 TL gemahlene Kurkuma

1 Aubergine, in 1–2 cm großen Würfeln

1 große Zwiebel, geschält, gehackt

4 Tomaten, gewürfelt

1 Möhre, geschält, gewürfelt

1 große Kartoffel (festkochend), gewürfelt

1 kleine grüne Chilischote, fein gehackt

200 ml Kokosmilch (Dose)

½ TL Tamarindenkonzentrat oder 1 EL Tamarindenmus

Salz

frisch gemahlener schwarzer Pfeffer

AUSSERDEM

2 EL Pflanzenöl

1 kleine rote Zwiebel, geschält, fein gehackt

4 Knoblauchzehen, geschält, in feinen Scheiben

1 TL Senfsamen

1 TL Kreuzkümmelsamen

1 kleine grüne Chilischote, fein gehackt

1 Handvoll frische oder getrocknete Curryblätter

FÜR 4–6 PORTIONEN

Für das Dal die Kichererbsen in einem großen Topf mit Wasser aufgießen. Aufkochen, Kurkuma zufügen und bei hoher Temperatur 10 Min. kochen lassen. An die Oberfläche steigenden Schaum abschöpfen. Gemüse und Chilischote zufügen.

570 ml kochendes Wasser zugießen, aufkochen und bei geringer Hitze 15–20 Min. köcheln lassen, bis das Gemüse gar ist und die Mischung eine breiige Konsistenz hat (nach Bedarf mehr heißes Wasser zugießen). Kokosmilch und Tamarindenkonzentrat unterrühren. Mit Salz und Pfeffer würzen.

Öl in einer kleinen Pfanne erhitzen, Zwiebel und Knoblauch bei mittlerer Temperatur in 6–8 Min. goldbraun dünsten. Senf- und Kreuzkümmelsamen, Chili und Curryblätter zugeben und weitere 2–3 Min. braten. Über das Dal geben und unterrühren. Dal mit kross gebackenen Roti servieren.

ASSAM LAKSA
SCHARF-SAURE REISNUDELSUPPE AUS PENANG

Auf Penang gibt es viele tolle vegetarische Cafés, die häufig eine eigene Version des lokal beliebten Gerichtes Penang Laksa anbieten. In meinem Rezept sorgen die vegane Fischsoße oder eine Prise Algenflocken für das richtige Aroma in der scharf-sauren Brühe, die traditionell aus indischer Makrele zubereitet wird.

FÜR DIE BRÜHE
6 rote Chilischoten
2 kleine rote Zwiebeln, ungeschält, halbiert
2 Stangen Zitronengras
1 EL Paprikapulver
Pflanzenöl
1 l Gemüsebrühe
3 EL vegane Fischsoße (S. 13) oder helle Sojasoße mit 1 Prise Algenflocken
2 EL Tamarindenmus oder 2 TL Tamarindenkonzentrat
1–2 TL Salz
1–2 EL feiner brauner Zucker oder Reissirup

FÜR DIE EINLAGE
375 g schmale asiatische Weizennudeln (ohne Ei)
1 frische Lotuswurzel, geschält, in feinen Scheiben
½ Gurke, längs halbiert, Kerne entfernt, in feinen Scheiben
½ Ananas, geputzt, gewürfelt
1 Handvoll vietnamesische Minze oder europäische Minze und Basilikum, Blättchen abgezupft
1 Handvoll vietnamesischer Koriander (Rau ram), Blättchen abgezupft
1 kleine rote Zwiebel, geschält, in feinen Ringen
1 Vogelaugen-Chilischote, fein gehackt

FÜR 4 – 6 PORTIONEN

Den Backofen auf 210 °C vorheizen. Für die Brühe Chilis und halbierte Zwiebeln auf einem Backblech verteilen und 10–15 Min. backen, bis die Ränder schwarz sind. Aus dem Ofen nehmen und abkühlen lassen. Die Zwiebeln schälen.

Zitronengras, Paprikapulver, gebackene Chilis und Zwiebeln in der Küchenmaschine oder mit dem Stabmixer glatt pürieren. Nach Bedarf etwas Öl zufügen. Die Gewürzpaste im Wok oder einer großen Pfanne bei starker Hitze ca. 2 Min. anbraten. Gemüsebrühe, 1 l Wasser, Fischsoße und Tamarindenmus zufügen und 8–10 Min. sprudelnd kochen lassen. Mit Salz und Zucker abschmecken.

Nudeln mit heißem Wasser aufgießen, 10 Min. einweichen, dann abtropfen lassen. Die Lotuswurzel 1 Min. in kochendem Wasser blanchieren. Die Reisnudeln auf Schüsseln verteilen, die frischen Einlagen darübergeben und mit der heißen Brühe aufgießen. Sofort servieren.

BUDDHAS TAPAS
ZWEIERLEI GEFÜLLTE SALATBLÄTTER & GEDÄMPFTE BLÜTENBRÖTCHEN

Die Inspiration für dieses Rezept habe ich von *Fat Yan,* unserem vegetarischen Lieblingsrestaurant in Kuala Lumpur, das von einer buddhistischen chinesischen Familie betrieben wurde. Unsere Lieblingsgerichte im *Fat Yan* waren „falsche" Spare-Ribs, gefüllte Bohnenbrötchen und Salat-Wraps. Ich glaube, wir haben alles auf der Speisekarte probiert und waren nie enttäuscht.

Dieses Rezept habe ich extra für ein Festival in Manchester kreiert. Für die gedämpften Blütenbrötchen verwendete ich ein Rezept der Köchin Fuchsia Dunlop, und ich experimentierte ein wenig mit schwarzem Meersalz und Szechuan-Pfeffer herum. Die Zubereitung war super aufwendig, und heute biete ich dieses Gericht nur noch selten als Teil meines Street-Food-Menüs an. Die Leute aber waren begeistert. Gebackene Frühlingsrollen (S. 177) und knuspriger Grünkohl (S. 201) passen übrigens hervorragend dazu.

FÜR DIE GEDÄMPFTEN BRÖTCHEN
½ TL Zucker
½ EL Trockenhefe
250 g Mehl (Type 405) plus etwas zum Bestäuben
1 EL Erdnussöl
1 EL Meersalzflocken (wenn möglich schwarze)
1 EL Szechuan-Pfefferkörner

FÜR DIE CHILI-BOHNEN-FÜLLUNG
2 EL Erdnuss- oder Pflanzenöl
2 Scheiben veganer „Speck" oder in Sojasoße marinierter Tempeh nach Belieben, fein gewürfelt
400 g fester Tofu, abgespült, abgetropft, in 2 cm großen Würfeln
1 EL Chili-Bohnen-Paste (Doubanjiang)
1 TL süße Szechuan-Bohnenpaste
2 TL fermentierte schwarze Bohnen
1 TL dunkle Sojasoße
1 TL Zucker
Meersalz
6 junge Lauchstangen, in feinen Ringen

FÜR DIE HOISIN-SEITAN-FÜLLUNG
280 g Seitan (Dose), abgespült, fein gehackt
4 EL Hoisinsoße
6 Frühlingszwiebeln, halbiert, in feinen Streifen
½ Gurke, längs halbiert, Kerne entfernt, in feinen Streifen

AUSSERDEM
Pflanzenöl zum Einfetten
2 kleine Kopfsalate
100 g eingelegter brauner Senf oder eingelegtes Gemüse (S. 143) nach Belieben

FÜR 4 – 6 PORTIONEN

Für die Brötchen Zucker, Hefe und 125 ml lauwarmes Wasser vermischen und an einem warmen Ort 15 Min. ruhen lassen, bis sich eine dünne Schicht Schaum an der Oberfläche gebildet hat. Das Mehl in eine große Schüssel füllen und in der Mitte eine Mulde formen. Die Hefemischung und 2 EL warmes Wasser zufügen, zu einem glatten Teig vermengen und 10 Min. kräftig durchkneten. In einer gefetteten Schüssel und mit einem Küchentuch abgedeckt 2 Std. gehen lassen, bis der Teig sein Volumen verdoppelt hat. Erneut kurz durchkneten und weitere 30 Min. gehen lassen.

Den Teig auf der leicht bemehlten Arbeitsfläche kurz durchkneten, zu einer 20 cm langen Rolle formen, dünn einfetten und mit je 1 TL Meersalz und Szechuan-Pfeffer bestreuen. Flach ausrollen und anschließend aufrollen. Mit einem scharfen Messer in 2 cm breite Scheiben schneiden. Diese jeweils mit 2 Essstäbchen in der Mitte zusammendrücken, sodass sie aussehen, wie eine kleine Blüte. Je 2 Szechuan-Pfefferkörner und Salzflocken darüberstreuen. Die Teiglinge in einen dünn gefetteten Dämpfeinsatz legen und 10 Min. dampfgaren, bis sie aufgegangen sind.

Die äußeren Blätter der Salatköpfe lösen und beiseitelegen.

Für die Chili-Bohnen-Füllung 1 EL Öl in einer kleinen Pfanne erhitzen und den falschen Speck bei mittlerer Hitze goldbraun braten. Auf Küchenpapier abtropfen lassen. ½ TL Öl in die Pfanne geben und den Tofu knusprig und goldbraun braten. Auf Küchenpapier abtropfen lassen. Das restliche Öl im Wok erhitzen, Chili-, Szechuan-Bohnenpaste und schwarze Bohnen unter Rühren bei mittlerer Hitze 2–3 Min. anbraten. Sojasoße und Zucker untermischen. Mit Meersalz abschmecken.

Gebratenen Tofu und falschen Speck zufügen und 1 Min. mitbraten. Den Lauch zufügen und kurz mitdünsten. Beiseitestellen.

Backofen auf 200 °C vorheizen. Für die Hoisin-Seitan-Füllung das Seitan mit 2 EL der Hoisinsoße vermengen und 20 Min. marinieren lassen. Auf einem Backblech verteilen und in 10–15 Min. knusprig backen.

Je 4 Blatt Salat auf einem Teller anrichten, 2 Blatt zur Hälfte mit Seitan und 2 mit Chili-Bohnen-Füllung füllen. Auf das Seitan Frühlingszwiebeln und Gurke geben und etwas Hoisinsoße darüberträufeln. Zu jeder Portion ein gedämpftes Brötchen und nach Belieben je 1 TL eingelegten Senf servieren.

NYONYA-DUMPLINGS

BAMBUSBLATTPÄCKCHEN MIT PIKANTER TEMPEH-FÜLLUNG

Gefüllte Bambusblatt-Dumplings sind ein beliebtes Street Food in Malaysia, Singapur und Indonesien. Bei diesen Dumplings handelt es sich um eine Spezialität aus der Küche der *Baba-Nyonya* oder *Peranakan*, die von chinesischen und malaysischen Küchentraditionen beeinflusst ist. Da man nie genau weiß, was in der Füllung steckt, kann es für Vegetarier problematisch sein, sich auf die Dumplings einzulassen. Das erste Mal probierten wir die Dumplings in Penang mit einer süßen Füllung aus roten Bohnen. Später, in indonesischen Hafenstädten, aßen wir sie mit Tempeh-Füllung.

FÜR DAS GEWÜRZÖL
50 g Kokos- oder Pflanzenöl
4 Sternanis
1 Stange Cassia-Zimt
2 TL Salz
1 TL frisch gemahlener weißer Pfeffer

FÜR DIE FÜLLUNG
1 kleine rote Zwiebel oder Schalotte, geschält, fein gehackt
4 Knoblauchzehen, geschält, zerdrückt
6 getrocknete Chinesische Morcheln oder Shiitakepilze, 20 Min. in heißem Wasser eingeweicht, abgegossen, ausgedrückt, fein gehackt

180 g Tempeh, grob gehackt
1½ EL gemahlener Koriander
1½ EL süße dunkle Sojasoße
1½ EL helle Sojasoße
1–2 TL feiner brauner Zucker
½ TL Salz
½ TL frisch gemahlener schwarzer Pfeffer
1 Prise gemahlener Sternanis
1 EL getrocknete blaue Erbsenblüten nach Belieben

AUSSERDEM
16 Bambusblätter (getrocknet, frisch oder tiefgefroren)

350 g Klebreis, über Nacht in kaltem Wasser eingeweicht, abgespült, abgegossen
Küchengarn oder lange Grashalme
5 Pandanblätter, abgespült, in 4–5 cm breiten Streifen

ERGIBT 18–20 STÜCK

Das Kokosöl in einer Pfanne mit schwerem Boden zerlassen. Sternanis, Zimt, Salz und Pfeffer unter Rühren 2–3 Min. rösten. Vom Herd nehmen. Sternanis und Zimt entsorgen.

Für die Füllung das Öl erneut erhitzen und die Zwiebel bei mittlerer Hitze in 5 Min. glasig dünsten. Knoblauch und Pilze zufügen und 3–4 Min. mitdünsten. Die übrigen Zutaten – bis auf die blauen Erbsenblüten – und 2 EL Wasser zufügen und 5–10 Min. köcheln lassen, bis die Flüssigkeit fast vollständig verdampft ist. Vom Herd nehmen und abkühlen lassen.

Getrocknete Bambusblätter und Grashalme mit kochendem Wasser übergießen und 20–30 Min. einweichen. Abtropfen und abkühlen lassen. Frische oder tiefgefrorene Bambusblätter vorsichtig abwischen und beiseitelegen.

Jedes Bambusblatt in der Mitte falten und ein-

drehen, sodass eine kleine Tüte entsteht. Jeweils etwas Reis (und eine blaue Erbsenblüte) hineinfüllen, sodass Boden und Seiten des Bambusblatts mit Reis ausgekleidet sind. Je 1 EL der Füllung in die Mitte geben und mit mehr Reis bedecken. Da sich der Klebreis beim Garen ausdehnt, dürfen die Bambusblätter nicht zu prall gefüllt werden. Einen Pandan-Streifen über den Reis legen, das Bambusblatt darüber falten und zusammenwickeln, sodass eine 5–6 cm lange, dreieckige Tasche entsteht. Mit Küchengarn oder Grashalmen zusammenbinden, dabei jeweils eine Schlaufe hineinbinden, damit die gegarten Dumplings später zum Abtropfen aufgehängt werden können. Die Dumplings in kochendes Wasser geben und bei geringer Hitze 2 Std. köcheln lassen. Aus dem Wasser nehmen, aufhängen und ca. 1 Std. trocknen lassen. Mit Sambal (S. 33) oder mariniertem Gurkensalat (S. 167) servieren.

VEGANES MEE REBUS
SÜSSKARTOFFELCURRY MIT SOJANUDELN

Mee Rebus ist ein weiteres Gericht aus der Küchentradition der *Peranakan* oder *Baba-Nyonya* und sehr beliebt in Malaysia, Indonesien und Singapur. Das Curry ist leicht süß, sehr herzhaft und durch die Süßkartoffeln, die Tomaten und die Sojabohnenpaste schön cremig. Traditionell wird es mit Hokkien, gelben Eiernudeln, und gekochten Eiern serviert, doch auch vegan schmeckt Mee Rebus köstlich.

6 große getrocknete rote Chilischoten, 30 Min. in heißem Wasser eingeweicht, abgegossen

1 Stück (5 cm) Galgant, geschält, fein gehackt, oder 1 EL gemahlener Galgant

2 kleine Kurkuma-Wurzeln, geschält, fein gehackt, oder 1 TL gemahlene Kurkuma

4 Knoblauchzehen, geschält, fein gehackt

1 rote Zwiebel, geschält, fein gehackt

2 EL braune Sojabohnenpaste

120 ml Pflanzenöl plus 1–2 EL

2 Kartoffeln (vorwiegend festkochend), geschält, gewürfelt

2 Süßkartoffeln, geschält, gewürfelt

1,2 l Gemüsebrühe

3 Tomaten, Kerne entfernt, grob gehackt

1–2 EL Salz

½–1 EL feiner brauner Zucker

8 Tofu-Puffs, geviertelt

8 Kirschtomaten, halbiert

AUSSERDEM

Pflanzenöl zum Frittieren

2 Schalotten, in feinen Ringen

2 große rote Chilischoten, in feinen Ringen

375 g dünne asiatische Weizennudeln

1 kleines Bd. Chinesischer Sellerie, Blättchen fein gehackt, oder 1 Bd. Frühlingszwiebeln, in feinen Ringen

2 große grüne Chilischoten, in feinen Ringen

1 Limette, in Spalten

FÜR 2 – 3 PORTIONEN

Für das Curry die getrockneten Chilis, Galgant, Kurkuma, Knoblauch, Zwiebel, Sojabohnenpaste und 120 ml Öl in der Küchenmaschine oder mit dem Stabmixer glatt pürieren. Die Kartoffeln in kochendem Wasser in ca. 10 Min. garen. In einem großen Topf 1–2 EL Öl erhitzen und die Gewürzpaste 3 Min. unter Rühren rösten. Süßkartoffeln, Brühe und Tomaten zufügen, aufkochen und bei geringer Hitze 10–15 Min. köcheln lassen, bis die Süßkartoffeln gar sind. Kartoffeln zufügen und erneut aufkochen. Vom Herd nehmen und glatt pürieren. Mit Salz und Zucker abschmecken. Das Püree zurück in den Topf geben, Tofu-Puffs und Kirschtomaten zufügen und erneut aufkochen. Vom Herd nehmen.

Zum Frittieren in einem hohen Topf reichlich Öl auf 170 °C erhitzen. (Die Temperatur stimmt, wenn an einem hineingehaltenen Holzstäbchen kleine Bläschen aufsteigen.) Schalotten und Chilischoten im heißen Öl goldbraun und knusprig frittieren, mit dem Schaumlöffel herausnehmen und auf Küchenpapier abtropfen lassen.

Die Nudeln laut Packungsanweisung zubereiten, abtropfen lassen und auf Schüsseln verteilen. Das Curry darübergeben. Mit Sellerieblättchen, frischen Chilis, frittierten Schalotten und Chilis bestreuen und mit Limettenspalten servieren.

ERDNUSSSUPPE MIT MOCHI
LOTUSWURZEL-ERDNUSSSUPPE MIT JAPANISCHEN REISKÜCHLEIN

Erdnusssuppen werden in der malaysischen Küche herzhaft mit Schweinerippchen und Lotuswurzeln oder süß mit gedämpfter Yamswurzel und Süßkartoffeln zubereitet. Diese Suppe wird traditionell zum chinesischen Neujahrsfest gegessen, wobei die Erdnüsse für Wohlstand und die Lotuswurzel für Reichtum steht. Mein veganes Rezept ist eine Fusion-Variante, da es auch Mochi, japanische Reisküchlein, enthält.

FÜR DIE BRÜHE
2 getrocknete
  Shiitakepilze
4 große Datteln, entsteint
100 g Erdnüsse
1 frische Lotuswurzel,
  geschält, in dicken
  Scheiben
1 EL vegane Fischsoße
  oder helle Sojasoße mit
  1 Prise Algenflocken

FÜR DIE REISKÜCHLEIN
2 getrocknete
  Chinesische Morcheln

200 g Klebreismehl
  plus etwas für die
  Arbeitsfläche
25 g Mungobohnen,
  über Nacht in kaltem
  Wasser eingeweicht,
  abgegossen
¼ TL chinesisches Fünf-
  Gewürze-Pulver
1 Prise Salz

AUSSERDEM
1 Handvoll
  vietnamesische Minze,
  Blättchen abgezupft

FÜR 2 – 3 PORTIONEN

Für die Brühe Shiitake und für die Reisküchlein Morcheln in separaten Schüsseln mit heißem Wasser aufgießen und 20 Min. ziehen lassen. Abgießen und abtropfen lassen. Shiitakepilze in feine Streifen schneiden, Morcheln fein hacken.

In einem großen Topf 1 l Wasser aufkochen. Shiitakepilze, Datteln, Erdnüsse, Lotuswurzel und Fischsoße zufügen, erneut aufkochen und bei geringer Hitze 40–50 Min. köcheln lassen.

Für die Küchlein das Mehl mit 6 EL heißem Wasser glatt rühren. Ist die Masse zu klebrig zum Kneten, zusätzliches Mehl zufügen. Kneten, bis ein weicher, elastischer Teig entstanden ist. Auf der bemehlten Arbeitsfläche kleine Bällchen in der Größe von Weintrauben formen.

Die Mungobohnen in einem Topf großzügig mit Wasser aufgießen, aufkochen und bei geringer Hitze 30–40 Min. köcheln lassen, bis sie gar sind. Abgießen, zurück in den Topf geben und fein stampfen. Morcheln, Fünf-Gewürze-Pulver und Salz untermischen. Mit der Fingerspitze eine Vertiefung in eine Teigkugel drücken. Mit der Bohnen-Pilz-Mischung füllen, den Teig darüber zusammendrücken und die Kugel auf der Arbeitsfläche rollen, um die Füllung darin einzuschließen. Die übrigen Mochi genauso zubereiten. Die Küchlein in der siedenden Brühe ca. 4 Min. köcheln lassen, bis sie an die Oberfläche steigen. Suppe auf Schüsseln verteilen, mit Minze garnieren und sofort servieren.

Murtabak-Stände sind in der Regel neben Roti-Canai-Ständen zu finden (ich glaube, sie teilen sich den Teig). Hier gibt es blättriges Roti-Fladenbrot, gefüllt mit pikantem Hähnchenfleisch und Kartoffelomelett. Ich habe eine vegetarische Version dieses Gerichts kreiert, das sich schnell in einem meiner Street-Food-Menüs etablierte. Das Fleisch habe ich durch Räuchertofu ersetzt, und ich verwende Frühlingsrollenteig, anstatt selbst Roti zuzubereiten.

MURTABAK MIT RÄUCHERTOFU
KNUSPRIGE TEIGTASCHEN MIT RÄUCHERTOFU & NEUEN KARTOFFELN

1 EL Pflanzenöl

1 kleine Zwiebel,
geschält, fein gewürfelt

je ½ TL Fenchelsamen,
Garam Masala,
gemahlener Koriander
und gemahlener
Kreuzkümmel

je ¼ TL gemahlene
Kurkuma und
Chilipulver

½ große rote Chilischote,
fein gehackt

½ TL feiner brauner
Zucker

½ TL Salz

150 g neue Kartoffeln,
ungeschält, gewürfelt,
bissfest gegart

4 Frühlingszwiebeln,
in feinen Ringen

350 g Räuchertofu,
grob zerbröckelt

8 Blatt Frühlingsrollenteig

AUSSERDEM

Pflanzenöl zum
Bestreichen und Braten

FÜR 4 PORTIONEN

Das Öl in einer Pfanne erhitzen und die Zwiebel bei mittlerer Temperatur in 5 Min. glasig dünsten. Fenchelsamen mit dem Nudelholz zerstoßen, um das Aroma freizusetzen. Mit den übrigen Gewürzen zu den Zwiebeln geben und bei geringer Temperatur unter gelegentlichem Rühren ca. 10 Min. rösten. Chilischoten zufügen und 1 Min. mitdünsten. Zucker und Salz zugeben.

Die Kartoffeln in einer Schüssel mit der Hälfte der Frühlingszwiebeln, der Zwiebel-Gewürz-Mischung und dem Tofu vermengen.

1 Blatt Frühlingsrollenteig auf die Arbeitsfläche legen und ⅛ der Mischung mittig auf den unteren Teil geben. Den unteren Rand und beide Seiten über die Füllung falten. Den oberen Rand dünn einfetten, nach unten klappen und andrücken, sodass ein gleichmäßiges, verschlossenes rechteckiges Päckchen entsteht. Die übrigen Teigtaschen genauso zubereiten.

Öl in einer Pfanne erhitzen und die Teigtaschen von beiden Seiten goldbraun und knusprig braten. Auf Küchenpapier abtropfen lassen.

Die Teigtaschen schräg halbieren, auf Tellern anrichten, mit Frühlingszwiebeln bestreuen und einfaches Sambal (S. 33) dazu reichen.

MARINIERTER GURKENSALAT

Dieser superschnell zubereitete Salat verleiht vielen südostasiatischen Gerichten einen gewissen Pep. Er wird zum Beispiel als Beilage zu Nasi Lemak (S. 168) serviert.

1 kleine rote Chilischote,
fein gehackt

2 EL Reisessig

1–2 EL Zucker

Saft von 1 Limette

1 große Gurke, längs
halbiert, Kerne entfernt,
in dünnen Scheiben

FÜR 2–4 PORTIONEN

Chili, Essig, Zucker und Limettensaft in einer Schüssel verrühren, bis sich der Zucker aufgelöst hat. Nach Belieben mit Zucker abschmecken. Die Gurkenscheiben unterheben und vor dem Servieren 10–20 Min. ziehen lassen.

NASI LEMAK
KOKOSREIS MIT TEMPEH-MACADAMIA-SAMBAL

Dieses Gericht ist in Malaysia sehr beliebt und auf jeder Speisekarte zu finden. Früher servierte man es als großes herzhaftes Frühstück, häufig mit Anchovis und Eiern. Heutzutage wird es zu jeder Tageszeit gegessen. Nasi Lemak bedeutet „cremiger" oder „reichhaltiger Reis".

FÜR DEN REIS
3 Pandanblätter
400 g Jasminreis
400 ml Kokosmilch (Dose)
1 TL Salz

FÜR DIE PASTE
5 große getrocknete rote Chilischoten, 10 Min. in heißem Wasser eingeweicht, abgegossen
100 ml Pflanzenöl
2 kleine rote Zwiebeln, geschält, grob gehackt
2 große rote Chilischoten, fein gehackt
1 Stück (4 cm) Galgant, geschält, fein gehackt, oder 1 TL gemahlener Galgant
2 EL vegane Fischsoße (S. 13) oder helle Sojasoße und 1 Prise Algenflocken
8–10 Macadamiakerne

FÜR DAS SAMBAL
1 EL Pflanzen- oder Erdnussöl
2 kleine rote Zwiebeln, geschält, fein gehackt

100 g Räuchertempeh, grob gehackt
2 EL vegane Fischsoße (S. 13) oder Tamari-Sojasoße
65 g feiner brauner Zucker
1 EL Tamarindenmus oder ½ TL Tamarinden-konzentrat, in etwas Wasser aufgelöst
1 TL Salz

AUSSERDEM
Pflanzenöl zum Frittieren
1 Schalotte, geschält, in Ringen
2–3 EL Erdnüsse
3–4 Bananenblätter oder 12 Pandanblätter
1–2 Limetten, in Spalten

FÜR 3–4 PORTIONEN

Für den Reis die Pandanblätter zusammenbinden und mit Reis, Kokosmilch, 200 ml Wasser und Salz in einem Topf aufkochen. Bei geringer Hitze 8 Min. köcheln lassen, bis der Reis fast gar ist. Den Topf vom Herd nehmen, mit einem Küchentuch abdecken, dem Deckel verschließen und 10–12 Min. ziehen lassen. Den gegarten Reis mit einer Gabel auflockern. Abdecken und beiseitestellen.

Für die Paste alle Zutaten in der Küchenmaschine oder mit dem Stabmixer glatt pürieren.

Für das Sambal das Öl im Wok erhitzen und die Paste braten, bis das Öl beginnt, sich abzusetzen. Die Zwiebeln bei mittlerer Temperatur ca. 5 Min. dünsten. Übrige Zutaten für das Sambal untermischen und bei geringer Temperatur 20 Min. köcheln lassen.

Zum Frittieren in einem hohen Topf Öl auf 170 °C erhitzen. (Die Temperatur stimmt, wenn an einem hineingehaltenen Holzstäbchen kleine Bläschen aufsteigen.) Die Schalotte goldbraun frittieren, mit dem Schaumlöffel herausheben und auf Küchenpapier abtropfen lassen. Die Erdnüsse in einer Pfanne ohne Fett unter Rühren in 1–2 Min. rundherum goldbraun rösten.

Zum Servieren jeden Teller mit einem Bananenblatt oder 3–4 Pandanblättern auslegen. Eine kleine Schüssel mit Reis füllen, diesen leicht andrücken und auf das Blatt stürzen. Je 1 großzügigen EL Sambal dazu reichen, mit gerösteten Erdnüssen und frittierten Schalotten garnieren und mit Gurkensalat (S. 167) und Limettenspalten servieren.

RENDANG MIT GRÜNER JACKFRUCHT

JACKFRUCHT-CURRY MIT KOKOS, ZITRONENGRAS & CHILI

Ich bin mir nicht ganz sicher, ob Rendang nun das Nationalgericht von Malaysia oder von Indonesien ist. Auf jeden Fall wird die beliebte Speise häufig zu Hochzeitsfeierlichkeiten serviert, und auch auf Speisekarten habe ich dieses Curry schon häufig entdeckt (in der Regel mit Rind- oder Hähnchenfleisch zubereitet).

6 Vogelaugen- oder rote Thai-Chilischoten,

10–12 große getrocknete rote Chilischoten, 30 Min. in heißem Wasser eingeweicht, abgegossen

1 Zwiebel, geschält, grob gehackt

6–8 Knoblauchzehen, geschält, grob gehackt

1 Stück (6 cm) Ingwer, geschält, grob gehackt

1 Stück (6 cm) Galgant, geschält, grob gehackt

4 Stangen Zitronengras

½ TL gemahlene Kurkuma oder 1 Stück (3 cm) frische Kurkuma, geschält, fein gehackt

2 EL Pflanzenöl

800 ml Kokossahne

560 g grüne Jackfrucht, in 1–2 cm großen Würfeln

1–2 EL Tamarindenmus

1–2 EL feiner brauner Zucker

4 Limettenblätter

Meersalz

AUSSERDEM

100 g Kokosflocken, 10 Min. in heißem Wasser eingeweicht, abgegossen, ausgedrückt

Pflanzenöl zum Frittieren

300 g Schalotten, geschält, in feinen Ringen

FÜR 4–6 PORTIONEN

Frische und eingeweichte Chilischoten, Zwiebel, Knoblauch, Ingwer, Galgant, Zitronengras und Kurkuma in der Küchenmaschine oder mit dem Stabmixer zu einer glatten Paste verarbeiten.

Das Öl in einem großen Topf erhitzen und die Paste bei mittlerer Temperatur 5 Min. braten. Kokossahne und 500 ml Wasser zufügen und aufkochen. Jackfrucht zugeben, erneut aufkochen, dann Tamarindenmus und braunen Zucker unterrühren. Bei geringer Hitze 1–2 Std. köcheln lassen, bis die Jackfrucht gar ist. Limettenblätter zugeben und mit Meersalz abschmecken.

Den Backofen auf 190 °C vorheizen. Die Kokosflocken auf einem Backblech verteilen und in 15–20 Min. goldbraun backen. Aus dem Ofen nehmen und im Mörser zu einer Paste zerstoßen.

Zum Frittieren in einem hohen Topf Öl auf 170 °C erhitzen. (Die Temperatur stimmt, wenn an einem hineingehaltenen Holzstäbchen kleine Bläschen aufsteigen.) Die Schalotten im heißen Öl goldbraun frittieren, mit dem Schaumlöffel herausheben und auf Küchenpapier abtropfen lassen.

Die Kokospaste unter das Rendang heben und die knusprig frittierten Schalotten darüberstreuen. Dazu gedämpften Reis und Gurkensalat (S. 167) servieren.

MALAYSISCHER FEUERTOPF

Ich erinnere mich an eine Wanderung in den Cameron Highlands, die viel länger dauerte, als eigentlich geplant. Der Grund: Beim Versuch für eine bessere Aufsicht auf die umliegenden Wälder und Teeplantagen auf den Gunung Berembun zu steigen, hatten wir uns verlaufen. Zum Glück schafften wir es dann doch vor Einbruch der Dunkelheit zum Auto. Wir fuhren zurück nach Tanah Rata, dem Städtchen, in dem wir wohnten, und ließen uns von unserem Hunger in ein chinesisch-malaysisches Café leiten, in dem es vegetarische Feuertöpfe mit einer großen Auswahl an Soßen und Dips gab.

Ein Feuertopf ist ein einfacher Topf mit kochender Brühe, der traditionell über Holzkohle erhitzt und direkt auf dem Tisch serviert wird, und in dem man Gemüse, Fisch und Meeresfrüchte oder Fleisch garen kann – genau wie bei einem Fondue. Jeder kann sein Essen nach Belieben mit verschiedenen Soßen und Dips würzen. Wer keinen traditionellen malaysischen Feuertopf hat, kann auch ein normales Fondue-Set oder einen einfachen Topf auf einem Gaskocher verwenden.

FÜR DIE BRÜHE
4 getrocknete
   Shiitakepilze,
   Stängel entfernt
Saft von 2 Limetten
4 Knoblauchzehen,
   geschält, zerdrückt
100 ml Sake
2 Stangen Zitronengras,
   weich geklopft
½ TL Salz
2 EL helle oder Tamari-
   Sojasoße

FÜR SEITAN UND TOFU
150 g Seitan, abgespült,
   trocken getupft,
   in Stücken
6 EL Hoisinsoße
300 g fester Tofu,
   abgespült, trocken
   getupft, in Würfeln
6 EL schwarze Bohnen-
   soße
2 EL Ingwerpaste oder
   1 Stück (7,5 cm)
   Ingwer, geschält,
   fein gehackt
1 EL geröstetes Sesamöl

FÜR DAS GEMÜSE
1 Möhre, in 4 cm
   langen Stiften
1 Zucchini, in 4 cm
   langen Stiften
8 braune Champignons,
   halbiert

120 g Enoki-Pilze, geputzt
120 g Austernpilze,
   in Stücken
100 g Zuckerschoten
1 Pak Choi
1 große Handvoll
   Sojasprossen

ZUM DIPPEN
1 Frühlingszwiebel,
   in feinen Ringen
½ TL Sesamsamen
120 ml helle Sojasoße
1 EL einfaches Sambal
   (S. 33)
Saft von 2 Limetten

AUSSERDEM
350 g feine Reisnudeln

FÜR 4 PORTIONEN

Seite 172–173: Malaysischer
Feuertopf

Alle Zutaten für die Brühe mit 2 l Wasser in einem großen Topf aufkochen und bei geringer Hitze 30 – 40 Min. köcheln lassen. Mit Salz abschmecken.

Den Backofen auf 180 °C vorheizen. Das Seitan in einer flachen Schüssel mit 2 EL Hoisinsoße marinieren. Die Hälfte des Tofus in einer flachen Schüssel mit 2 EL der Bohnensoße vermischen, die andere Hälfte mit Ingwer und Sesamöl vermengen. Jeweils 10 Min. ziehen lassen. Mariniertes Seitan und marinierten Tofu auf 2 gefetteten Backblechen verteilen und 20 – 25 Min. backen. Aus dem Ofen nehmen, abkühlen lassen und auf einem großen Servierteller anrichten.

Das Gemüse, bis auf die Frühlingszwiebeln, auf kleine Servierschüsseln verteilen.

Für einen Dip in einer kleinen Schüssel Frühlingszwiebel, Sesamsamen und Sojasoße verrühren. Zum Dippen Sambal, Limettensaft sowie die übrige Hoisin- und Bohnensoße separat in kleine Schüsseln füllen.

Die Nudeln mit kochendem Wasser aufgießen und 10 Min. einweichen. Abtropfen lassen und in eine Servierschüssel füllen.

Den Feuertopf erhitzen und die heiße Brühe hineingießen. Kurz aufkochen, dann die Temperatur reduzieren, sodass die Brühe nur noch sanft köchelt. Servierteller und Schüsseln mit den verschiedenen Zutaten, Soßen und Dips auf dem Tisch arrangieren und pro Person eine kleine Schüssel und Essstäbchen eindecken. Am Tisch wechselt man sich damit ab, Gemüse, Seitan, Tofu und ein paar Nudeln zum Garen in die heiße Brühe zu halten und dann in der eigenen Schüssel nach Belieben mit den verschiedenen Soßen, Dips und dem Limettensaft zu würzen.

FRÜHLINGSROLLEN
KNUSPRIG GEBACKENE FRÜHLINGSROLLEN GEFÜLLT MIT INGWER, SESAM & TULSI

Frühlingsrollen kommen eigentlich immer gut an, allerdings sind sie häufig sehr fettig, und wenn sie fertig gekauft werden, kann man meist nicht mehr erkennen, woraus eigentlich die Füllung besteht. Meine Frühlingsrollen sind einfach zuzubereiten und ein klein wenig gesünder als die frittierte Version. Einmal vorbereitet, können sie eingefroren und nach Bedarf gegart werden.

FÜR DIE FÜLLUNG
100 g Glasnudeln
1 Stück (4–5 cm) Ingwer, geschält, fein gehackt
1 große Handvoll Tulsi (Indisches Basilikum) oder europäische Minze und Basilikum, Blättchen fein gehackt, plus einige Blättchen zum Garnieren
1 kleine rote Chilischote, fein gehackt
100 g Wasserkastanien (Dose), gewürfelt
100 g Bambussprossen (Dose), grob gehackt
8 Babymaiskolben (Dose), in Streifen
80 g Sojasprossen
2 EL geröstetes Sesamöl

FÜR DEN DIP
6 EL helle Sojasoße
1 Frühlingszwiebel, in feinen Ringen
¼ TL Sesamsamen
1 kleine rote Chilischote, fein gehackt

AUSSERDEM
Sesamöl zum Einfetten
8 Blatt Frühlingsrollenteig (à 30 cm)

ERGIBT 8 STÜCK

Für die Füllung die Glasnudeln mit kochendem Wasser aufgießen und 10 Min. einweichen. Abgießen und abtropfen lassen. In eine große Schüssel füllen und mit der Küchenschere in kürzere Stücke schneiden. Übrige Zutaten für die Füllung zufügen und gut vermengen.

Den Backofen auf 180 °C vorheizen. Ein Blatt Frühlingsrollenteig auf der Arbeitsfläche auslegen (den Rest mit einem feuchten Küchentuch abdecken) und die Ränder dünn mit Sesamöl einstreichen. Ca. 6 cm oberhalb des unteren Rands etwas Füllung in einem Streifen auf das Teigblatt geben, sodass auf jeder Seite ein ca. 4 cm breiter Rand bleibt. Den unteren Rand über die Füllung legen und fest zur Hälfte nach oben einrollen. Füllung, die an den Seiten austritt, wieder nach innen drücken. Die Seiten nach innen falten und den Teig weiter fest nach oben einrollen. Noch etwas Öl auf den oberen Rand streichen, bevor der Saum verschlossen wird. Mit der Naht nach unten auf das gefettete Backblech legen. Die übrigen Frühlingsrollen genauso zubereiten. In 20–30 Min. goldbraun backen, zwischendurch einmal wenden.

Für den Dip Sojasoße, Frühlingszwiebel, Sesam und Chili in einer kleinen Schüssel vermischen. Die Frühlingsrollen noch warm mit dem Dip servieren. Mit ein paar Blättchen Königsbasilikum garnieren.

POPCORN-TOFU
PIKANTER TOFU MIT PFLAUMENSOSSE

Dieses Fusion-Rezept habe ich als Appetizer für eine Food-Veranstaltung kreiert. Um dem Tofu die gewünschte Textur und den richtige Geschmack zu verleihen, bedarf es einiger Arbeitsschritte. Wer Zeit sparen möchte, kann fertige Pflaumensoße verwenden. Wenn ihr das Gericht auf ganz besondere Art servieren möchtet, richtet den Tofu in chinesischen Suppenlöffeln auf einem Spiegel aus Pflaumensoße an.

FÜR DIE PFLAUMENSOSSE
12 Pflaumen, entsteint, grob gehackt
4–6 EL feiner brauner Zucker
8 EL Reisessig
1 EL Tomatenmark
½ TL Salz

FÜR DEN TOFU
6 EL helle Sojasoße
2 TL chinesisches Fünf-Gewürze-Pulver
400 g fester Tofu, in 1–2 cm großen Würfeln
150 g Maismehl

100 ml Sojasahne
150 g Panko-Mehl
1 TL geräuchertes Paprikapulver

AUSSERDEM
Pflanzenöl zum Frittieren

FÜR 4 – 6 PORTIONEN

Für die Soße die Pflaumen mit 2 EL Wasser und Zucker in einem Topf aufkochen und bei mittlerer Hitze 15 Min. köcheln lassen. Essig, Tomatenmark und Salz zufügen und erneut aufkochen. Bei Bedarf etwas Wasser zugeben, damit die Soße nicht zu dick wird. In der Küchenmaschine oder mit dem Stabmixer glatt pürieren. Nach Belieben mit Zucker, Salz oder Essig abschmecken.

In einer kleinen Schüssel Sojasoße und Fünf-Gewürze-Pulver verrühren und über den Tofu träufeln. Maismehl und Sojasahne in separate Schüsseln füllen. Panko-Mehl und Paprikapulver vermengen.

Einen Bogen Backpapier auf der Arbeitsfläche auslegen. Den Tofu erst im Maismehl wälzen, dann in die Sojasahne tunken und im Panko-Mehl panieren. Kleine Bällchen formen und auf das Backpapier legen. Zum Frittieren in einem hohen Topf reichlich Öl auf 170 °C erhitzen. (Die Temperatur stimmt, wenn an einem hineingehaltenen Holzstäbchen kleine Bläschen aufsteigen.) Die panierten Bällchen portionsweise im heißen Öl goldbraun und knusprig frittieren, mit dem Schaumlöffel herausheben und auf Küchenpapier abtropfen lassen. Bis zum Servieren im auf 140 °C vorgeheizten Ofen warm halten oder später bei 170 °C in 10–15 Min. aufwärmen. Mit Pflaumensoße servieren.

Indonesien

Kurz nachdem wir uns kennengelernt hatten, reisten Lee und ich gemeinsam nach Indonesien. Wir flogen nach Bangkok, sprangen dann direkt in den Zug nach Butterworth in Malaysia und dort auf ein Boot nach Medan, der Hauptstadt Nordsumatras. Am folgenden Tag machten wir uns mit dem Bus auf den Weg zum Tobasee (ich mit einem Huhn auf dem Schoß), und nach sechs Stunden Fahrt wurden wir einfach im Nirgendwo abgesetzt mit dem Hinweis, dies sei die Endhaltestelle. Irgendwie fanden wir zum See und zur im See gelegenen Insel Samosir – die noch viel schöner war, als wir es uns vorgestellt hatten.

Die größte kulinarische Offenbarung in Indonesien war für mich leckerer Tempeh. Zu Hause hatte ich ihn schon probiert, war aber nie ganz überzeugt gewesen. Bei Tempeh handelt es sich um gepresste fermentierte Sojabohnen. Für Veganer ist in Streifen geschnittener und in Sojasoße gebratener Tempeh ein guter Speck-Ersatz. Mit Blattsalat und Tomaten in einem Sandwich schmeckt er himmlisch. Tempeh kann leicht selbst gemacht werden (ich kaufe ihn aber lieber fertig) und ist auch deswegen eine wichtige Proteinquelle für die Bewohner der indonesischen Inselgruppe.

Seit unserem ersten Trip nach Indonesien sind wir als Familie schon zweimal zurückge-
kehrt, und jedes Mal kommt es uns weitestgehend unerschlossen vor. Rund um die Inseln
und Küsten dieser beeindruckenden Inselgruppe gibt es nicht nur wunderschönes blaues
Wasser, sondern auch atemberaubende Korallenriffe und rauchende Vulkane am Horizont.
Hier sind wir zu geübten Tauchern geworden. Wie schnell vergaßen wir beim Folgen einer
Wasserschildkröte die Zeit. Einmal mussten wir uns bemühen, ruhig weiter zu atmen, als
ein Weißspitzen-Hochseehai unter den Schatten des Riffs dahinglitt. Wir kochten unser
Frühstück auf einem Vulkan, reisten tagelang, um entlegene Inseln zu erreichen, und fühlten uns manchmal, als wären wir die Protagonisten in einem Dokumentarfilm über die viel-
fältige Flora und Fauna Indonesiens. Ich habe häufig davon geträumt, ein kleines Café auf
einem Hügel in Lombok zu eröffnen, so sehr liebe ich diesen Ort.

Von links nach rechts: Statue im Wald, Bali; Fischerboote am
Strand, Lombok; Abendstimmung über Nusa Tenggara;
Linienbus, Nord-Lombok; Nationalpark Komodo; Bananen garen
im Vulkan, Gunung Batur, Bali; Sonnenuntergang in Gunung
Rinjani, Lombok.

GADO GADO
INDONESISCHER GEMÜSESALAT MIT PIKANTER ERDNUSSSOSSE

Dies ist das erste Gericht, das ich in Indonesien gegessen habe. Ich hatte schon früher von Gado Gado gehört, und als ich es in einem Café in Medan auf der Speisekarte entdeckte, schlugen wir zu. Der Tempeh war die größte Überraschung: Er war knusprig gebraten und schmeckte ganz anders, als ich es von zu Hause kannte. Die Erdnusssoße war klebrig-süß und gleichzeitig schön pikant. Bald schon erfuhr ich, dass es sich um eine typische indonesische Speise handelt.

FÜR DEN SALAT

150 g kleine neue
   Kartoffeln, geviertelt
2 große Möhren,
   geschält, in
   streichholzdünnen
   Streifen
150 g feine grüne
   Bohnen, geputzt, in
   4 cm großen Stücken
75 g Blumenkohl,
   in Röschen
350 g Tempeh oder fester
   Tofu, in 1 cm dicken
   Scheiben
2 EL helle oder Tamari-
   Sojasoße
4 EL Pflanzenöl
1 kleine rote Zwiebel,
   geschält, in feinen
   Ringen
½ Gurke, längs halbiert,
   Kerne entfernt,
   in Scheiben
60 g Sojasprossen

FÜR DIE SOSSE
(SAMBAL KACANG)
300 g geröstete Erdnüsse
   oder stückige Erdnuss-
   butter
2 Knoblauchzehen,

geschält, zerdrückt
400 ml Kokosmilch
   (Dose)
1 EL Chiliflocken oder
   1 TL scharfes
   Chilipulver
1 EL Garam Masala
1 Stück (7,5 cm)
   Kurkuma, geschält, fein
   gehackt, oder ½ TL
   gemahlene Kurkuma
1–2 TL feiner brauner
   Zucker
1 EL dunkle Sojasoße
2 EL Tamarindenwasser
   oder Limetten- oder
   Zitronensaft
½ TL Salz

FÜR 4 – 6 PORTIONEN

Für den Salat die Kartoffeln in kochendem Wasser in 8 Min. garen. In einem separaten Topf Wasser aufkochen. Möhren, Bohnen und Blumenkohl 2 Min. blanchieren. Abgießen, abtropfen lassen und zum Abkühlen beiseitestellen.

Tempeh 5 Min. in Sojasoße marinieren. 2 EL Öl in einer Pfanne erhitzen und den Tempeh bei mittlerer Temperatur rundherum goldbraun und knusprig braten. Auf Küchenpapier abtropfen lassen.

2 EL Öl in der Pfanne erhitzen und die Zwiebel bei mittlerer Hitze goldbraun rösten. Beiseitestellen.

Für die Soße Erdnüsse, Knoblauch, die Hälfte der Kokosmilch, Chiliflocken, Garam Masala, Kurkuma und Zucker (weglassen, wenn Erdnussbutter verwendet wird) in der Küchenmaschine oder mit dem Stabmixer glatt pürieren.

Die Paste in einem kleinen Topf mit der übrigen Kokosmilch, Sojasoße und Tamarindenwasser aufkochen und bei geringer Hitze unter gelegentlichem Rühren 7 Min. köcheln lassen. Nach Belieben mit Salz, Zucker oder Chiliflocken abschmecken. Im Kühlschrank aufbewahrt, ist die Erdnusssoße bis zu 1 Woche haltbar.

Blanchiertes Gemüse, Gurke, Sojasprossen und Tempeh auf einer Servierplatte anrichten und die warme Erdnusssoße darüberträufeln. Nach Belieben mit Zwiebelringen garnieren. Dazu in Ingwer gebackenen Tofu (S. 198) oder Longtong (S. 194) servieren.

TAHU BAKAR
FRITTIERTE TOFU-TASCHEN

Dieser beliebte Snack wird mit einem Dip serviert, der Ketjap Manis enthält, eine süße indonesische Sojasoße, aromatisiert mit Knoblauch und Sternanis.

FÜR DIE SOSSE
2 EL feiner brauner Zucker
1–2 kleine rote Chilischoten, fein gehackt
2 EL Tamarindenwasser oder 1 TL Tamarindenkonzentrat, aufgelöst in 2 EL heißem Wasser
1 EL vegane Fischsoße (S. 13) oder helle Sojasoße mit 1 Prise Algenflocken

3 EL süße indonesische Sojasoße (Ketjap Manis)

FÜR DIE TOFU-TASCHEN
Pflanzenöl zum Frittieren
800 g fester Tofu, in 8 Scheiben (2 x 6 cm)
100 g Sojasprossen
3 EL Erdnüsse
1 große Gurke, längs halbiert, Kerne entfernt, in dünnen Scheiben

FÜR 4 – 6 PORTIONEN

Für die Soße alle Zutaten in der Küchenmaschine oder mit dem Stabmixer glatt pürieren.

Zum Frittieren in einem hohen Topf reichlich Öl auf 170 °C erhitzen. (Die Temperatur stimmt, wenn an einem hineingehaltenen Holzstäbchen kleine Bläschen aufsteigen.) Tofu portionsweise 2–3 Min. frittieren, bis er rundherum goldbraun und knusprig ist. Mit dem Schaumlöffel aus dem heißen Öl heben und auf Küchenpapier abtropfen lassen.

In einem großen Topf Wasser aufkochen und die Sojasprossen 30 Sek. blanchieren. Abgießen und abtropfen lassen. Die Erdnüsse in einer Pfanne ohne Fett unter gelegentlichem Rühren in 1–2 Min. goldbraun rösten. Grob hacken und beiseitestellen.

Den Ofengrill vorheizen. Die frittieren Tofu-Scheiben waagerecht einschneiden und von außen mit etwas Soße bestreichen. Von beiden Seiten je 3 Min. unter dem Ofengrill backen. Soße in die Tofu-Taschen träufeln und mit Sojasprossen und Gurkenscheiben füllen. Soße darüberträufeln und mit Erdnüssen bestreuen.

SINGKONG GORENG
MANIOK-STICKS

Maniok-Sticks werden in Indonesien häufig zum Kaffee gereicht. In einfaches Sambal gedippt, schmecken sie köstlich.

FÜR DIE STICKS
½ TL gemahlener Koriander
3 Knoblauchzehen, geschält, zerdrückt
½ TL gemahlene Kurkuma
½ TL Salz

500 g Maniok, geschält, in 5 cm langen Stäbchen

AUSSERDEM
Pflanzenöl zum Frittieren

FÜR 3 – 4 PORTIONEN

Den Backofen auf 110 °C vorheizen und ein Backblech darin aufwärmen.

Koriander in einer Pfanne ohne Fett ca. 30 Sek. anrösten. Knoblauchzehen, gerösteten Koriander, Kurkuma und Salz vermengen.

Die Maniok-Stäbchen 10–15 Min. in kochendem Wasser garen. Auf Küchenpapier abtropfen lassen. Noch warm in der Gewürzmischung schwenken, sodass sie gleichmäßig damit bedeckt sind. 15 Min. ziehen lassen.

Zum Frittieren in einem hohen Topf reichlich Öl auf 170 °C erhitzen. (Die Temperatur stimmt, wenn an einem hineingehaltenen Holzstäbchen kleine Bläschen aufsteigen.) Die Maniok-Stäbchen portionsweise in je 10 Min. goldbraun frittieren, dabei gelegentlich wenden. Mit dem Schaumlöffel aus dem heißen Öl heben und auf Küchenpapier abtropfen lassen. Auf dem Backblech im vorgeheizten Ofen warm halten, solange die übrigen Maniok-Sticks frittiert werden. Sofort servieren.

BULUNG KUAH PINDANG
BALINESISCHER ALGENSALAT

In den Cafés des ruhigen Städtchens Ubud lernten wir mehrere Versionen dieses Salates kennen. Unser Reiseführer beschrieb Ubud als einen der magischsten Orte auf Bali. Nur die Besteigung einer der Vulkane Balis bei Sonnenaufgang ist noch magischer. Als wir das taten, war meine Mutter gerade zu Besuch. Nach dreistündiger Wanderung in der Morgendämmerung saßen wir gemeinsam auf dem Gipfel von Gunung Batur und beobachteten die Kinder dabei, wie sie begeistert im heißen Boden Bananen backten, während die Sonne hinter dem benachbarten Gunung Rinjani aufstieg. Mum sagt, es war einer der schönsten Augenblicke ihres Lebens.

Meine Version des Salates enthält lokale Zutaten und Croûtons. Bei der Algensorte könnt ihr variieren, je nachdem, was erhältlich ist.

FÜR DEN SALAT

2 Scheiben Brot, die Kruste entfernt, in 1 cm großen Würfeln
Sesamöl
50 g Grünkohl, Stängel entfernt, in 4 cm großen Stücken
2 EL Erdnussöl
200 g Kidneybohnen, abgespült, abgetropft
1 TL Sesamsamen
1 TL Kürbiskerne
10 g Seetang, in kaltem Wasser eingeweicht, abgespült, in Streifen
10 g Dulse-Algen, in kaltem Wasser eingeweicht, abgespült, in Streifen
10 g Arame-Algen, in kaltem Wasser eingeweicht, abgespült, in Streifen
10 g Wakame-Algen, in kaltem Wasser eingeweicht, abgespült, in Streifen
4 Radieschen, in streichholzdünnen Streifen
2–3 Frühlingszwiebeln, in feinen Ringen
Salz
frisch gemahlener weißer Pfeffer

FÜR DAS DRESSING

1 große grüne Banane, geschält
2 EL helle oder Tamari-Sojasoße
½ TL Sesamöl
1 EL vegane Fischsoße (S. 13) oder helle Sojasoße und 1 Prise Algenflocken
½ EL feiner brauner Zucker
1–4 Vogelaugen-Chilischoten, fein gehackt
2 EL Kokosflocken

FÜR 4–6 PORTIONEN

Den Backofen auf 120 °C vorheizen. Die Brotwürfel auf einem Backblech verteilen und mit Sesamöl beträufeln. In 15–20 Min. hellbraun und knusprig backen. Aus dem Ofen nehmen und abkühlen lassen.

Den Grünkohl 1–2 Min. in kochendem Wasser blanchieren, auf Küchenpapier abtropfen und abkühlen lassen. Das Erdnussöl in einer kleinen Pfanne erhitzen. Die Kidneybohnen 5 Min. anbraten und auf Küchenpapier abtropfen lassen. Sesam und Kürbiskerne in einer kleinen Pfanne ohne Fett unter Rühren in 1–2 Min. goldbraun rösten. In einer großen Schüssel Algen, Radieschen, Frühlingszwiebeln, Grünkohl und geröstete Samen und Kerne mischen.

Für das Dressing alle Zutaten bis auf die Kokosflocken in der Küchenmaschine oder mit dem Stabmixer glatt pürieren. Mit Zucker abschmecken. Die Kokosflocken in einer Pfanne ohne Fett rösten und unter das Dressing rühren. Über den Salat gießen und gut unterheben. Vor dem Servieren die Croûtons zufügen und den Salat mit Salz und Pfeffer abschmecken. Erneut gut mischen und in eine Servierschüssel umfüllen. Die gebratenen Kidneybohnen darübergeben und servieren.

Von links nach rechts: Bulung
Kuah Pindang; Tahu-Bakar-Soße;
Singkong Goreng; Tahu Bakar.

TEMPE BACEM
ZWEIFACH GEGARTER TEMPEH

Als wir mit den Kindern nach Indonesien zurückkehrten, reisten wir von Bali über Nusa Tenggara (eine Gruppe kleiner Inseln) und Flores nach Lombok. Ich verliebte mich sofort in die Insel. Lombok ist rauer und weniger entwickelt als Bali, und an ihren unberührten Riffen hatte ich meine bisher schönsten Erlebnisse im Freitauchen. Wenn ihr mit Schildkröten, Mondfischen und Mantarochen schwimmen möchtet, solltet ihr zu den Gili-Inseln vor Lombok reisen.

Tempe Bacem habe ich das erste Mal gegessen, als wir im Hafen von Mataram, der Hauptstadt Lomboks, auf ein Schiff warteten. Ich schlenderte auf der Suche nach neuen Flip-Flops durch die Stadt, als mir Schulkinder auffielen, die sich bei einem Straßenverkäufer mit kleinen Tüten Tempe Bacem versorgten. Also deckte ich mich selbst damit ein, und es wurde Teil eines weiteren tollen Picknicks.

1 kleine Zwiebel,
  geschält, fein gehackt
2 Knoblauchzehen,
  geschält, fein gehackt
1 TL gemahlener
  Koriander
1 Stück (1 cm) Ingwer,
  geschält, gerieben,
  oder 1 TL Ingwerpaste
1 Lorbeerblatt
1 Stück (1 cm) Galgant,
  geschält, fein gehackt,
  oder ½ TL gemahlener
  Galgant
1 gehäufter TL feiner
  brauner Zucker
½ TL Chilipulver

1 TL Tamarinden-
  konzentrat, aufgelöst
  in 250 ml warmem
  Wasser
350 g Tempeh, in 1 cm
  breiten Scheiben
1–2 EL Erdnuss- oder
  Pflanzenöl

FÜR 3 – 4 PORTIONEN

Alle Zutaten – bis auf Tempeh und Öl – in einem Topf aufkochen und bei geringer Hitze köcheln lassen. Tempeh zugeben, so viel Wasser zufügen, dass er gerade eben bedeckt ist, und bei geringer Hitze 40 Min. köcheln lassen. Aufpassen, dass der Tempeh nicht anbrennt. Beiseitestellen und abkühlen lassen.

Das Öl in einer Pfanne erhitzen und die Tempeh-Scheiben darin von beiden Seiten in 3–4 Min. goldbraun und knusprig braten. Auf Küchenpapier abtropfen lassen. Nach Belieben warm oder kalt servieren. In einem luftdicht verschlossenen Behälter im Kühlschrank aufbewahrt, ist der Tempeh bis zu 1 Woche haltbar.

TAHU CAMPUR
TOFU NACH JAVANISCHER ART & MANIOK-KÜCHLEIN

Leider sind wir nie dazu gekommen, Java zu erkunden. Wir haben die meisten der größeren indonesischen Inseln von Sumatra bis nach Flores besucht, aber hielten uns auch hier an einzelnen Orten länger auf, als andere Backpacker es taten. Aber es ist ja noch genug Zeit, um zurückzukehren …

Das Rezept für dieses klassische indonesische Street Food musste einfach in dieses Buch. Die Maniok-Küchlein sind eine wunderbare Beilage. Ursprünglich kommt das Rezept aus Java und ist in unterschiedlichen Versionen überall auf der Inselgruppe zu finden. Wir probierten das Gericht auf Flores und wurden von einer Portion Sambal am Boden der Schüssel überrascht. Ich reiche das Sambal gerne als Dip dazu. In meinem Rezept verwende ich koreanische Paste aus fermentierten Sojabohnen anstelle der Rinderbrühe. Ihr könnt gedämpften Reis oder Nudeln dazu servieren.

FÜR DIE BRÜHE
1 TL Koriandersamen
1 Stück (5 cm) Galgant, geschält, fein gehackt, oder 1 TL gemahlener Galgant
2 Stangen Zitronengras
5 Kaffirlimettenblätter
2 Lorbeerblätter
6 Kemirinüsse, 10–15 Min. in sprudelnd kochendem Wasser gegart, oder Macadamianüsse
1 EL süße indonesische Sojasoße (Ketjap Manis)
1 EL feiner brauner Zucker
1 Stück (5 cm) Ingwer, geschält, grob gehackt
1 Stück (5 cm) Kurkuma, geschält, grob gehackt, oder ½ TL gemahlene Kurkuma
15 schwarze Pfefferkörner
2 kleine rote Zwiebeln, geschält, grob gehackt
2 EL fermentierte Sojabohnenpaste
5 Knoblauchzehen, geschält
1 große rote Chilischote
1 EL Tamarindenmus oder ¼ TL Tamarindenkonzentrat
1 l Gemüsebrühe
1 EL Pflanzenöl

FÜR DAS SAMBAL
2 EL Pflanzenöl
8 Knoblauchzehen, geschält, in feinen Scheiben
12 Vogelaugen-Chilischoten, grob gehackt
1 Prise Salz
½ EL Zucker
½ EL dunkle Sojasoße

AUSSERDEM
Pflanzenöl zum Frittieren
350 g fester Tofu, abgespült, trocken getupft, in 5 cm großen Würfeln
2 Schalotten, geschält, in feinen Ringen
350 g dünne asiatische Weizennudeln (ohne Ei)
100 g Sojasprossen

FÜR 3 – 4 PORTIONEN

Für die Brühe die Koriandersamen in einer Pfanne ohne Fett unter gelegentlichem Rühren 30 Sek. rösten. Galgant, Zitronengras, Kaffirlimetten- und Lorbeerblätter weich klopfen. Kemirinüsse, Koriandersamen und übrige Zutaten – bis auf die weich geklopften Gewürze, Brühe und Öl – in der Küchenmaschine oder mit dem Stabmixer pürieren. Nach Bedarf etwas Brühe zugießen, sodass eine glatte Paste entsteht.

Das Öl in einem großen Topf erhitzen und die Paste bei hoher Temperatur 2–3 Min. anbraten. Galgant, Zitronengras, Kaffirlimetten- und Lorbeerblätter zufügen und unter Rühren 1–2 Min. mitbraten. Brühe und 1 l Wasser zugießen und bei geringer Hitze 40 Min. köcheln lassen. Zitronengras, Galgant und Lorbeerblätter entfernen.

Für das Sambal Öl in einem kleinen Topf erhitzen und den Knoblauch goldbraun rösten. Mit den übrigen Zutaten glatt pürieren.

Zum Frittieren in einem hohen Topf reichlich Öl auf 170 °C erhitzen. (Die Temperatur stimmt, wenn an einem hineingehaltenen Holzstäbchen kleine Bläschen aufsteigen.) Tofu und Schalotten portionsweise goldbraun frittieren, mit dem Schaumlöffel herausheben und auf Küchenpapier abtropfen und abkühlen lassen. Den Tofu in Scheiben schneiden.

Die Nudeln laut Packungsanweisung zubereiten. Zum Servieren je ¼ TL Sambal auf den Boden von 3–4 Schüsseln geben. Nudeln, Sojasprossen und Tofu auf die Schüsseln verteilen und mit Brühe aufgießen. Mit Schalotten garnieren und mit Maniok-Küchlein servieren.

MANIOK-KÜCHLEIN
PIKANTE INDONESISCHE KÜCHLEIN

Maniok wird in ganz Indonesien als Zutat von süßen und pikanten Küchlein verwendet. Diese pikante Variante ist ein toller glutenfreier Snack. Die Küchlein schmecken alleine, mit scharfem Sambal-Dip oder als Teil einer indonesischen Reistafel.

FÜR DIE KÜCHLEIN
1 TL gemahlener Koriander
3 Knoblauchzehen, geschält, grob gehackt
80 g Seidentofu
Saft von ½ Limette
½ TL mildes Chilipulver
½ kleine rote Zwiebel, geschält, grob gehackt
500 g Maniok, geschält, grob gerieben
½ Bd. Schnittlauch, fein gehackt
1–2 EL Reismehl
½ TL Salz

AUSSERDEM
Pflanzenöl zum Frittieren

ERGIBT 8–10 STÜCK

Den Koriander in einer Pfanne ohne Fett unter Rühren bei mittlerer Hitze 30 Sek. rösten. Koriander, Knoblauch, Tofu, Limettensaft, Chilipulver und Zwiebel in der Küchenmaschine oder mit dem Stabmixer glatt pürieren. Maniok, Schnittlauch und Gewürzpaste vermengen. Nach Bedarf Reismehl zufügen, um die Mischung zu binden. Mit Salz würzen.

Zum Frittieren in einem hohen Topf reichlich Öl auf 170 °C erhitzen. (Die Temperatur stimmt, wenn an einem hineingehaltenen Holzstäbchen kleine Bläschen aufsteigen.) Mit zwei Teelöffeln Teig abstechen und zu kleinen Nocken (ø 4 cm) formen, in das heiße Öl geben und in 8–10 Min. goldbraun frittieren. Mit dem Schaumlöffel herausheben und auf Küchenpapier abtropfen lassen. Servieren.

BALINESISCHE SATÉ-SPIESSE
TEMPEH-TOFU-SPIESSE MIT ERDNUSSSOSSE

Saté-Spieße sind klassisches indonesisches Street Food, und auch Longtong (Stäbchen aus gepresstem Reis) sind in Indonesien, Malaysia und Singapur beliebt. Sie werden zu unterschiedlichsten Speisen serviert – zu Suppen und Brühen, Currys und Dips.

FÜR DIE SPIESSE

400 ml Kokosmilch (Dose)
2 Schalotten, geschält, grob gehackt
3 Knoblauchzehen, geschält, grob gehackt
1 Stück (4–5 cm) Ingwer, geschält, grob gehackt
1 TL weißer Pfeffer
Saft von 1 Limette
½ TL Salz
350 g geräucherter Tempeh, grob zerbröckelt
100 g fester Tofu, grob zerbröckelt
3 EL Kokosflocken, 10 Min. in heißem Wasser eingeweicht, abgegossen, ausgedrückt
2 EL Reismehl
8 Stangen Zitronengras

FÜR DIE ERDNUSSSOSSE (SAMBAL KACANG)

300 g Erdnüsse oder stückige Erdnussbutter
2 Knoblauchzehen, geschält, zerdrückt
1 Stück (7,5 cm) Kurkuma, geschält, fein gehackt, oder ½ TL gemahlene Kurkuma

3 Schalotten oder 1 kleine rote Zwiebel, geschält, grob gehackt
½ TL Salz
1–2 TL feiner brauner Zucker
400 ml Kokosmilch (Dose)
1 EL Chiliflocken, oder 1 TL Chilipulver
1 TL Garam Masala
1–2 EL Pflanzenöl
1 EL dunkle Sojasoße
2 EL Tamarindenwasser oder Limetten- oder Zitronensaft
100 ml Kokosöl

AUSSERDEM

1 kleine Handvoll Koriandergrün, grob gehackt

FÜR 4 PORTIONEN

Für die Spieße Kokosmilch, Schalotten, Knoblauch, Ingwer, Pfeffer, Limettensaft und Salz in der Küchenmaschine oder mit dem Stabmixer glatt pürieren und in eine große Schüssel füllen.

Tempeh, Tofu, Kokosflocken und Reismehl untermischen und zu einer festen Masse verarbeiten. 16 kleine Bällchen formen und abgedeckt mind. 20 Min. im Kühlschrank ruhen lassen.

Die äußeren Schichten vom Zitronengras entfernen und die Enden mit dem Messer anspitzen. Die Spieße 15 Min. in Wasser einweichen. Je 2 Bällchen auf einen Spieß stecken und behutsam zusammendrücken. Das hervorstehende Zitronengras mit Alufolie abdecken, damit es beim Grillen nicht anbrennt.

Für die Erdnusssoße die Erdnüsse ohne Fett unter gelegentlichem Rühren in 1–2 Min. goldbraun rösten. Erdnüsse (oder Erdnussbutter), Knoblauch, Kurkuma, Schalotten, Salz, Zucker (weglassen, wenn Erdnussbutter verwendet wird), Kokosmilch, Chiliflocken und Garam Masala in der Küchenmaschine oder mit dem Stabmixer glatt pürieren.

Öl in einer Pfanne erhitzen, die Paste zufügen und zum Köcheln bringen. Bei mittlerer Hitze abgedeckt 6–7 Min. köcheln lassen. Sojasoße und Tamarindenwasser unterrühren, vom Herd nehmen und beiseitestellen.

In einem Topf 120 ml Wasser aufkochen. Die Hitze reduzieren und das Kokosöl nach und nach unterrühren, sodass eine homogene Flüssigkeit entsteht. Die Paste untermengen und unter gelegentlichem Rühren bei geringer Hitze 15 Min. köcheln lassen. Wenn die Soße zu sehr andickt, zusätzliches Wasser zufügen.

Den Holzkohle- oder Backofengrill vorheizen. Die Spieße von beiden Seiten in je 7–10 Min. goldbraun grillen. Pro Person 2 Spieße, etwas Erdnusssoße und Longtong (s. u.) auf einem Teller anrichten und zum Servieren mit Chili-Cashewkernen (s. u.) und Koriandergrün garnieren.

LONGTONG
REISSTICKS

200 g Jasminreis	**FÜR 4 PORTIONEN**
½–1 TL Salz	
2 Stangen Cassia-Zimt	
3 Lorbeerblätter	
2 schwarze Kardamom-	
kapseln	

In einem großen Topf 1 l Wasser zum Kochen bringen. Alle Zutaten zufügen und erneut aufkochen. Bei geringer Hitze 10 Min. köcheln lassen, vom Herd nehmen und abgedeckt 10 Min. ziehen lassen. Reis durch ein feinmaschiges Sieb abgießen und gut abtropfen lassen. Die Gewürze entsorgen.

Eine 4 cm hohe Auflaufform mit Frischhaltefolie auslegen und den Reis darin verteilen. Fest andrücken und mit Frischhaltefolie abdecken. Eine zweite Auflaufform derselben Größe daraufstellen, andrücken und beschweren. Mind. 20 Min., besser 1 Std., im Kühlschrank ruhen lassen. Gewichte und Frischhaltefolie entfernen und den gepressten Reis mit einem scharfen Messer in 5 cm lange Stäbchen oder Dreiecke schneiden. Servieren.

CHILI-CASHEWKERNE
PIKANTE, KARAMELLISIERTE CASHEWKERNE

20–25 ungesalzene	**FÜR 4 PORTIONEN**
Cashewkerne	
50 g Zucker	
1 TL Glukosesirup	
2 EL Sesamsamen	
1–2 TL Chiliflocken	

Den Backofen auf 180 °C vorheizen. Die Cashewkerne auf einem Backblech verteilen und unter gelegentlichem Wenden in 10 Min. goldbraun rösten. Den Zucker mit 1 EL Wasser in einem kleinen Topf erhitzen, sodass ein Sirup entsteht (nach Belieben Glukosesirup zufügen, damit sich keine Kristalle bilden) – dabei nicht umrühren! Sobald der Zuckersirup karamellisiert ist und eine goldene Farbe hat, die Cashewkerne zufügen und vorsichtig umrühren, sodass sie gleichmäßig mit Sirup bedeckt sind. Einen Bogen Backpapier auf der Arbeitsfläche ausbreiten, mit Sesamsamen und Chiliflocken bestreuen und die karamellisierten Cashewkerne darin wälzen. Vollständig abkühlen lassen.

DSCHUNGEL-CURRY
GEMÜSECURRY MIT TEMPEH

Jede Pension und jedes Café in Indonesien und Borneo scheint eine eigene Version des Dschungel-Currys zu haben. Ein Dschungel-Curry ist ein einfaches, deftiges, intensiv-aromatisches Curry. Die Thai-Version enthält keine Kokosnuss und ist verdammt scharf. In Indonesien hat das Curry durch die Tamarinde tendenziell eine saure Note und enthält häufig etwas Kokosmilch, sodass es etwas milder schmeckt.

280 g Tempeh oder grüne Jackfrucht, in 1–2 cm großen Würfeln

2–3 große getrocknete rote Chilischoten, 30 Min. in heißem Wasser eingeweicht, abgegossen

1–2 große rote Chilischoten, grob gehackt

1 Stück (5 cm) Ingwer, geschält, grob gehackt, oder 2 EL Ingwerpaste

1 Stück (5 cm) Galgant, geschält, grob gehackt, oder 2 EL Galgant-Paste

3 Stangen Zitronengras, grob gehackt

1 Stück (4 cm) Kurkuma, geschält, fein gehackt, oder 1 TL gemahlene Kurkuma

4 EL Pflanzenöl

1 Aubergine, in 1–2 cm großen Würfeln

1 l Gemüsebrühe

400 ml Kokosmilch (Dose)

4 EL Tamarindenmus oder 2 TL Tamarindenkonzentrat, aufgelöst in 4 EL heißem Wasser

2 EL feiner brauner Zucker

2 Kaffirlimettenblätter

2 Möhren, geschält, in Scheiben

150 g grüne Bohnen, geputzt

1 TL Salz

1 EL Sojasoße

AUSSERDEM
Pflanzenöl zum Einfetten

100 g geröstete Cashewkerne oder Erdnüsse

1 kleine Handvoll Koriandergrün, Blättchen abgezupft

FÜR 4 PORTIONEN

Den Backofen auf 210 °C vorheizen. Den Tempeh auf das gefettete Backblech legen und in 10–15 Min. knusprig backen. Auf Küchenpapier abtropfen lassen.

Eingeweichte und frische Chilis, Ingwer, Galgant, Zitronengras und Kurkuma in der Küchenmaschine oder mit dem Stabmixer pürieren, bis eine Paste entstanden ist. Nach Bedarf etwas Öl zufügen.

Das Öl in einem großen Topf mit schwerem Boden erhitzen und die Gewürzpaste darin 3–4 Min. braten. Aubergine zufügen und 2 Min. mitbraten. Brühe und Kokosmilch zugießen, Tamarindenmus, Zucker und Kaffirlimettenblätter zugeben und aufkochen. Bei geringer Hitze 15–20 Min. köcheln lassen, bis die Aubergine schön weich ist. Gebackenen Tempeh, Möhren und Bohnen zufügen und mit Salz und Sojasoße abschmecken. Bei geringer Hitze weitere 5–7 Min. köcheln lassen, bis Möhren und Bohnen gerade eben gar sind. Falls die Soße dabei zu schnell andickt, zusätzliches Wasser zufügen. Mit Koriandergrün und Cashewkernen garnieren und mit Reis servieren.

NASI GORENG
INDONESISCHE REISPFANNE MIT INGWER-TOFU

In Indonesien ist Nasi Goreng ein Klassiker, möglicherweise sogar das bekannteste Gericht des Landes. Traditionell wird es mit Spiegelei oder Omelett serviert. In diesem Rezept sorgt das gebackene Gemüse für einen tollen Geschmack, kann aber auch weggelassen werden, wenn die Zeit knapp ist. Der Tofu wird hier zunächst eingefroren und dann wieder aufgetaut, dadurch verändert sich die Textur, und er wird beim Backen fester und knuspriger.

FÜR DIE STIR-FRY-SOSSE
2–4 große rote
  Chilischoten
4 Knoblauchzehen,
  ungeschält
1 Stück (5 cm) Ingwer
3–4 EL feiner brauner
  Zucker
2 EL Sojasoße
1 EL scharfes Sambal
  (z. B. Sriracha) oder
  selbst gemachtes
  Sambal (S. 191)

FÜR DEN TOFU
400 g fester Tofu,
  eingefroren, aufgetaut,
  ausgedrückt, in 2 cm
  großen Würfeln
2 EL Ingwerpaste oder
  1 Stück (6 cm) Ingwer,
  geschält, fein gehackt
  und mit Öl verrührt
Salz

FÜR DAS GEMÜSE
1 Aubergine, in 1–2 cm
  großen Würfeln
½ Butternusskürbis,
  geschält, Kerne
  entfernt, in 1–2 cm
  großen Würfeln

1 EL Sesamöl
1 kleine rote Zwiebel,
  geschält, fein gehackt
300 g Gemüse nach
  Wahl, z. B. Pilze,
  Möhren, grüne Bohnen,
  ggf. gewürfelt

AUSSERDEM
Pflanzenöl zum Einfetten
220 g Basmatireis, gegart
  (S. 13), abgekühlt, über
  Nacht im Kühlschrank
  aufbewahrt
1 Handvoll
  Koriandergrün,
  Blättchen abgezupft
rote Chilischoten nach
  Belieben, in feinen
  Ringen
2 Frühlingszwiebeln,
  in Ringen
1 Limette, in Spalten

FÜR 4 PORTIONEN

Den Backofen auf 220 °C vorheizen.

Für die Soße Chilischoten auf einem gefetteten Backblech verteilen und 10 Min. backen. Knoblauchzehen und Ingwer zufügen und weitere 5–6 Min. backen, bis der Knoblauch goldbraun ist und die Chilischoten schwarz werden. Chilis, geschälten Knoblauch, geschälten Ingwer, Zucker, Sojasoße und Sambal in der Küchenmaschine oder mit dem Stabmixer glatt pürieren. Beiseitestellen. Die Ofentemperatur auf 180 °C reduzieren.

Tofu auf einem gefetteten Backblech verteilen und gleichmäßig mit Ingwerpaste einstreichen. Großzügig salzen und in 15–20 Min. goldbraun und knusprig backen. Aus dem Ofen nehmen und beiseitestellen.

Aubergine und Kürbis auf einem gefetteten Backblech verteilen und 20–30 Min. backen, bis das Gemüse innen weich und außen goldbraun und knusprig ist.

Das Sesamöl in einem Wok oder einer großen Pfanne erhitzen und die Zwiebel in 5 Min. glasig dünsten. Gemüse zufügen und unter ständigem Rühren 2–3 Min. anbraten. Die Soße zufügen und 2–3 Min. köcheln lassen. Reis, Tofu, Aubergine und Kürbis zufügen und unter Rühren weitere 2–3 Min. erhitzen. Koriandergrün, Chilis und Frühlingszwiebeln darübergeben und mit Limettenspalten servieren.

MEE GORENG
INDONESISCHE NUDELPFANNE MIT KNUSPRIG GEBACKENEM GRÜNKOHL

Das Geheimnis meiner Stir-Fry-Soße für Mee Goreng und Nasi Goreng (S. 198) ist, Knoblauch und Chilischoten vor der Weiterverarbeitung zu backen. Ich bin immer auf der Suche nach Möglichkeiten, um Gerichten, die eigentlich Fleisch oder Fisch enthalten, eine gewisse aromatische Tiefe zu verleihen. Hierfür eignet sich z. B. vorgebackenes Gemüse wie Aubergine und Butternusskürbis aus dem Nasi-Goreng-Rezept (S. 198). Auch langsam gegarter Grünkohl macht sich wunderbar als knusprige Beilage zu vielen asiatischen Speisen.

FÜR DIE NUDELPFANNE
350 g dünne asiatische Weizennudeln (ohne Ei)
2 EL Sesamöl
1 kleine rote Zwiebel, geschält, in Scheiben
350 g Gemüse nach Wahl, z. B. Pilze, Zuckerschoten, Babymais, rote Paprika oder Zucchini, ggf. gewürfelt
1 Portion Stir-Fry-Soße (S. 198)

AUSSERDEM
100 g Grünkohl, Blätter in 5 cm großen Stücken
Pflanzenöl zum Einfetten
Salz
1 Handvoll Cashewkerne
1 Handvoll Koriandergrün, grob gehackt
2 Frühlingszwiebeln, in Ringen
Limettenspalten nach Belieben

FÜR 4 – 6 PORTIONEN

Den Backofen auf 110 °C vorheizen.

Den Grünkohl auf zwei gefetteten Backblechen verteilen und großzügig salzen. Mit den Händen gut vermengen, sodass die Grünkohlblätter gleichmäßig mit Öl benetzt sind. 45–60 Min. backen, bis die Blätter schön knusprig sind. Aus dem Ofen nehmen und abkühlen lassen. Der gebackene Grünkohl ist, in einem luftdicht verschlossenen Behälter aufbewahrt, bis zu 1 Woche haltbar.

Für die Nudelpfanne die Nudeln in eine große Schüssel füllen, mit heißem Wasser aufgießen und 20 Min. ziehen lassen. Abgießen und abtropfen lassen.

Das Sesamöl in einem Wok oder einer großen Pfanne erhitzen und die Zwiebel in ca. 5 Min. glasig dünsten. Gemüse zufügen und unter Rühren 2–3 Min. anbraten. ¾ der Soße zugießen und 2 Min. köcheln lassen.

Nudeln und übrige Soße zufügen und sorgfältig untermischen. Unter Rühren weitere 2–3 Min. braten. Die Cashewkerne in einer Pfanne ohne Fett unter gelegentlichem Rühren in 1–2 Min. goldbraun rösten. Grob hacken.

Nudelpfanne auf Teller verteilen. Koriandergrün, Frühlingszwiebeln, Grünkohl und gehackte Cashewkerne darüberstreuen und mit Limettenspalten servieren.

GORENG PISANG
FRITTIERTE BANANEN

Für den Ausbackteig gibt es viele verschiedene Rezepte. Ähnelt er von der Konsistenz Tempura, ist der Teig in der Regel vegan und enthält keine Eier, da diese die Masse schwerer und weicher machen würden.

Ich hatte ein einzigartiges Erlebnis mit frittierten Bananen, als wir entlang der Inseln von Nusa Tenggara segelten – von Bali über Lombok, Sumbawa, Rinca, Komodo (Lebensraum der berühmten Komodowarane) bis nach Flores. Wir waren 14 Leute auf einem einfachen indonesischen Fischerboot. Zum Schlafen diente eine Liege und als Rettungsboot ein Einbaum. Was an Sicherheitsmaßnahmen fehlte, machte die Besatzung durch ihre Kochkünste wett. Nachdem wir den ganzen Tag damit verbracht hatten, zu schnorcheln und auf den Inseln zu wandern, zauberten sie auf ihrem kleinen Gasbrenner im hinteren Teil des Bootes riesige Portionen Nasi und Mee Goreng, Tahu Campur und frittierte Früchte. Eines Morgens wachte ich vor allen anderen auf und kletterte auf den Bug des Schiffes, um die Morgendämmerung zu genießen. Ich beobachtete die Sonne, die am Horizont aufging und die Delfine, die unser Schiff begleiteten. Eines der Besatzungsmitglieder servierte mir eine frittierte Banane, über die er etwas Sirup geträufelt hatte. Das war wahrscheinlich das rundherum spektakulärste Frühstück, das ich jemals genießen durfte.

FÜR DEN TEIG
150 g Mehl (Type 405)
1 EL Backpulver
750 ml eiskaltes Mineralwasser (mit Kohlensäure)
1 TL Zucker
1 TL Vanilleextrakt
2–3 Eiswürfel
100 g Maisstärke

FÜR DIE FRITTIERTEN BANANEN
Pflanzenöl zum Frittieren
4 Bananen, geschält, längs halbiert
4 EL Ahorn- oder Zuckerrübensirup

FÜR 4 PORTIONEN

Für den Teig Mehl und Backpulver in eine Schüssel sieben und zunächst 500 ml des Wassers unterrühren. Nach Bedarf etwas mehr zufügen – die Masse sollte dickflüssig, aber nicht zäh sein. Zucker, Vanilleextrakt und Eiswürfel unterrühren. Die Maisstärke in eine separate Schüssel füllen.

Zum Frittieren in einem hohen Topf reichlich Öl auf 170 °C erhitzen. (Die Temperatur stimmt, wenn an einem hineingehaltenen Holzstäbchen kleine Bläschen aufsteigen.) Die Bananenhälften in der Maisstärke wenden und durch den Ausbackteig ziehen. Behutsam in das heiße Öl geben und portionsweise von beiden Seiten je 2–3 Min. frittieren, bis sie goldbraun und knusprig sind. Mit dem Schaumlöffel herausheben und auf Küchenpapier abtropfen lassen. Mit Ahornsirup beträufeln und sofort servieren.

REGISTER

BILDNACHWEISE

Alle Reisebilder von Lee James, bis auf:

Schlüssel: o = oben; u = unten;
r = rechts; l = links; m = Mitte

16 l Damien Simonis/Getty Images; 16 ml Peter Adams/Getty Images; 16 ur Marina Ramos Urbano/ Getty Images; 17 l Maciej Dakowicz/Alamy; 17 m John Elk III/Getty Images; 17 r Gurjeet Singh Chag-gar/Getty Images; 30 l Don Bolton/Getty Images; 30 m Maremagnum/Getty Images; 38 m Grant Dixon/Getty Images; 38 r Anand Purohit/Getty Ima-ges; 60 m Grant Faint/Getty Images; 126 ml Peter Ptschelinzew/Getty Images; 126 or Ania Blazejews-ka/Getty Images; 126 ur www.sergiodiaz.net/Getty Images; 127 l LatitudeStock – Stuart Pearce/Getty Images; 127 m Matthew Micah Wright/Getty Images; 150 l Yasmine Awwad/Getty Images; 150 ml Kevin Clogstoun/Getty Images; 150 or Paul Kennedy/Getty Images; 151 Matthew Micah Wright/Getty Images

Dank

Zuerst und vor allem möchte ich mich herzlich bei meinem besten Freund und Ehemann Lee bedanken, der den Mut hatte, an meine verrückten Ideen zu glauben und mit unserer kleinen Familie auf Reisen zu gehen. Seine Liebe, Unterstützung und sein Glaube an mich haben mein Leben verändert. Auch meinen Kindern Tevo und Roisin bin ich unheimlich dankbar – dafür dass sie es mir vergeben haben, dass ich in ihren Sommerferien häufig weg war, und dafür dass sie meine Liebe für das Essen und Reisen teilen.

Dem Team hinter diesem Buch bin ich ebenfalls zu Dank verpflichtet: Clare Winfield und Emily Kydd haben mich mit ihrer Leidenschaft und Handfertigkeit begeistert und mein Essen so wunderschön aussehen lassen. Tony Hutchinson hat mehr als einmal besonderen Einsatz gezeigt. Megan Smith und Kate Eddison haben mit Grafik und Lektorat dafür gesorgt, dass dieses Buch mehr geworden ist als die Summe seiner einzelnen Teile. Cindy Richards, Julia Charles, Leslie Harrington, Mai-Ling Collyer, alle Beteiligten von RPS und meine Agentin Clare Hulton: Ihr alle habt dafür gesorgt, dass der Entstehungsprozess dieses Buches eine fantastische Erfahrung für mich war. Können wir das bitte wiederholen?

Auf meiner kulinarischen Reise durfte ich viele neue Freundschaften schließen, und es kamen viele Kooperationen zustande: Claire Kelsey, Andrew Critchett, Cathy McConaghy, Lee Pointin, Christian Lambert und Richard Johnson haben das Mysterium Street Food für mich aufgeklärt und mir geholfen, weiterzumachen, als ich nicht mehr konnte. Michael Harrison, David Fox und Mark Lloyd danke ich für ihre weisen, erfahrenen Worte und ihre Unterstützung. Debbie Halls-Evans, unerschütterlicher Cheerleader und talentierte Freundin, schafft es immer wieder, dass sich die Zeit, die wir gemeinsam in der Küche verbringen, nicht anfühlt wie Arbeit.

Diese Liste wäre nicht vollständig, wenn ich meine MasterChef-Familie nicht erwähnen würde: Karen Ross, David Ambler, Vicki Howarth, Rachel Palin, Lucy Hards, Antonia Lloyd, Ange Morris, Frances Adams und das komplette Team von Shine. Gregg Wallace und John Torode konnten mich überzeugen, dass ich gut genug koche, um meinen Lebensunterhalt damit zu verdienen.

Tim Anderson, Sara Danesin und Tom Whitaker halfen mir, mich zu verbessern, und wurden dabei ganz unerwartet zu wertvollen Freunden.

Meiner Reise-Freundin Natalie Bismire bin ich unendlich dankbar, dass sie meine Dämonen austreibt und mich glauben lässt, es gäbe nichts, was ich nicht tun kann. Matthew und Donna Wilson danke ich dafür, dass sie mir ein Zuhause geben, wenn London ruft, und noch so viel mehr für mich tun. Dank auch an Kate und Ami, deren Abenteuer mich tagtäglich inspirieren.

Es gibt noch viel mehr Dank zu sagen, der aus vielen Gründen über diese Aufzählung hinausgeht. Ihr alle wisst, warum ihr hier genannt werdet… Vielen Dank: Natalie Coleman, Guy Wallwork, Kay Greenwell, Jessica Francis, Hannah Quirk, Joanne Smith, Hilary Cooke, Daniel Manicolo, Lisa und Sean O'Farrell, Richard und Jo McGawley, Jenny Large, Paul Adams, Tony Short, Ceri Short, Zamira Pereira, Nicola Reynolds, Francesca Raphael, Clare Major, Mark Ellis, Stuart Reeve, Sabrina Ghayour, Elizabeth Allen, Jamie Munroe, Ian Munroe, Yotam Ottolenghi und Michael Caines.